人材の多様化に対応!

労働法制の適用範囲がよくわかる

自治体の人事労務管理

鳥羽 稔
［著］

第一法規

はじめに

地方公務員の人事管理に関する基本法は地方公務員法ですが、この法律の条文は制度の骨格を定めるのみであり、実際の運用では、各自治体の給与・勤務条件に関する条例及び規則を根拠として進められています。

これらの条例及び規則の内容は、地方公務員法により、給与、勤務時間その他の勤務条件を社会一般の情勢に適応するよう適当な措置を講ずることや、国家公務員との均衡を図ることが求められていることから、国家公務員の人事管理上のルールである人事院規則や労働基準法をはじめとする労働法令をもとに定められています。

このため、地方公務員の適切な人事管理を行うためには、地方公務員法、人事院規則、その他労働法令など多岐に渡る事項を理解する必要がありますが、国家公務員・地方公務員それぞれの人事管理の実務を経験してきた筆者としては、次の２点の課題があると感じています。

１点目は、法適用の複雑さです。

人事院規則が適用され大半の労働法令が適用除外とされる国家公務員と違い、地方公務員には労働法令は原則適用されています。その一方で、地方公務員法と重複する部分等については、各法令の一部が適用除外されていたり読み替えが行われていたりします。さらには、例えば企業職員などについては地方公務員に対する適用除外や読み替えがされない規定もあるなど、その適用関係は複雑です。このため、労働法令の情報はインターネット上で簡単に検索できたとしても、その情報の適用関係についての判断を非常に難しくしています。

２点目は、繰り返される労働法令の改正への対応です。

社会情報の変化に伴い労働法令は毎年改正を繰り返しており、直近では、平成31年４月に施行された働き方改革関連法による新たな労働時間規制等の導入、令和２年４月から施行される同一労働同一賃金の実現に向けての短時間・有期雇用労働者に関する法改正など、地方公務員の人事管理にも大きな影響を与える改正が続いています。これらの改正を受けた条例及び規則の改正に加えて、改正の趣旨に沿った運用の見直しを適切かつ迅速に行っていかなくてはなりません。

本書では、これらの課題に対応するため、募集・採用・勤務条件・離職のそれぞれの人事管理の場面における、地方公務員法上の基本事項、労働法令上での考え方、近年の改正事項について、地方公務員への適用関係を示した上で、まとめました。

また、令和２年４月から導入される会計年度任用職員制度や労働者派遣法の改正、新たなハラスメント防止対策など、人事担当者のみならず職員管理を行う所属長や担当者など、多くの自治体職員の方に幅広く活用していただける内容もできる限り盛り込みました。

なお、本書は、各種法令の内容、施行通知、行政実例を中心にまとめたものであり、筆者の所属団体の見解ではないことをお断りしておきます。

本書が、自治体の皆様の実務の一助となり、適切な人事管理の実現に寄与することとなれば幸いです。

最後になりますが、本書の企画刊行についてご尽力いただいた第一法規株式会社大木島幸氏に心より御礼申し上げます。

令和２年２月

鳥羽　稔

目　次

第2章　募集・採用に関する事項

本章のポイント

第3章 勤務時間制度、休日・休業・休暇に関する事項

本章のポイント

第4章　離職に関する事項

第5章　非正規職員に関する法制度・ハラスメント防止対策

凡　例

本書中で使用している法令等の略語は次のとおりです。

自治法　地方自治法
地公法　地方公務員法
労基法　労働基準法
地公企法　地方公営企業法
地公労法　地方公営企業等の労働関係に関する法律
地公災法　地方公務員災害補償法
労働施策総合推進法　労働施策の総合的な推進並びに労働者の雇用の安定及び職業生活の充実等に関する法律
男女雇用機会均等法　雇用の分野における男女の均等な機会及び待遇の確保等に関する法律
障害者雇用促進法　障害者の雇用の促進等に関する法律
女性活躍推進法　女性の職業生活における活躍の推進に関する法律
若者雇用促進法　青少年の雇用の促進等に関する法律
改正地公法　平成29年改正の地方公務員法
育児・介護休業法　育児休業、介護休業等育児又は家族介護を行う労働者の福祉に関する法律
個人情報保護法等　個人情報の保護に関する法律、行政機関の保有する個人情報の保護に関する法律
地公育休法　地方公務員の育児休業等に関する法律
短時間・有期雇用労働法　短時間労働者及び有期雇用労働者の雇用管理の改善等に関する法律
労働者派遣法　労働者派遣事業の適正な運営の確保及び派遣労働者の保護等に関する法律
労働時間把握ガイドライン　労働時間の適正な把握のために使用者が講ずべき措置に関するガイドライン
同一労働同一賃金ガイドライン　短時間・有期雇用労働者及び派遣労働者に

対する不合理な待遇の禁止等に関する指針

事務処理マニュアル　会計年度任用職員制度の導入等に向けた事務処理マニュアル（第２版）

公的機関Q&A　改正労働者派遣法のよくあるご質問（公的機関に関するもの）

セクハラ防止指針　事業主が職場における性的な言動に起因する問題に関して雇用管理上講ずべき措置等についての指針

公務職場のパワハラ防止報告　公務職場におけるパワー・ハラスメント防止対策検討会による報告

パワハラ防止指針　事業主が職場における優越的な関係を背景とした言動に起因する問題に関して雇用管理上講ずべき措置等についての指針

第1章

地方公務員制度と労働法令との関係の全体像

本章のポイント

▶ 地方公務員制度の全体像

地方公務員法の体系、基本理念、地方公務員の範囲と種類、人事機関について整理し、地方公務員制度の全体像を把握します。

▶ 地方公務員と民間労働者との違い

地方公務員と民間労働者との違いについて、労働関係の成立、勤務条件の決定、労働基本権、労働法の適用、労働基準監督機関、紛争の解決手段など、それぞれの観点から解説します。

▶ 地方自治体における適切な人事行政を確保するための仕組み

地方自治体が実施する、人事行政に関する市民や国からのチェック機能について、解説します。

第1節　地方公務員制度の全体像

Ⅰ　地方公務員制度の法体系

憲法第92条の「地方公共団体の組織及び運営に関する事項は、地方自治の本旨に基いて、法律でこれを定める」との規定を受けて地方自治体（以下、自治体）の組織、権限に関する基本法として、地方自治法（以下、自治法）が定められています。

また、自治法第172条第４項では職員の「身分取扱いに関しては、この法律に定めるものを除くほか、地方公務員法の定めるところによる」と規定され、これを受けて地方公務員制度に関する基本法としての地方公務員法（以下、地公法）が制定されています。

地公法は、一般職に属する全ての地方公務員に適用され、職員の身分取扱いに関する中心的な役割を担っていますが、教職員や警察・消防職員など特殊な職務内容の部門に勤務する者について特別の規定を要する場合には、地公法第１条の基本理念に反しない限度で、図表１に掲げる特例法が定められています（地公法第４条第１項、第57条）。

図表１　主な特例法の種類

法律名	概要
地方教育行政の組織及び運営に関する法律	教育委員会の設置、学校その他の教育機関の職員の身分取扱を規定
教育公務員特例法	公立学校の学長・校長、教員等の任免、給与、分限、懲戒、服務、研修等の特例
警察法	都道府県公安委員会の委員及び警察官の任免、勤務条件、服務、階級の設置までの特例
消防組織法	消防職員・消防団員の任命、階級の設置等の特例
地方公営企業法	地方公共団体が経営する企業の組織、財務及び職員の身分取り扱い
地方公営企業等の労働関係に関する法律	企業職員、特定地方独立行政法人の職員の労働関係
地方独立行政法人法	地方公共団体が設立する地方独立行政法人の組織、業務運営、財務・会計、人事管理に関する事項

（猪野積『地方公務員制度講義 第７版』第一法規、令和２年、25頁〜30頁、米川謹一郎編著『試験・実務に役立つ！地方公務員法の要点　第10次改訂版』学陽書房、平成30年、６頁・９頁を参考に作成）

２ 地方公務員制度の基本理念と全体構成

地公法の目的は、自治体の行政の民主的かつ能率的な運営等を保障することで地方自治の本旨を実現することであり、５つの基本理念で構成されています（図表２）。そして、これらの理念のもとに地方公務員の身分取扱いが具体化されています（図表３）。

図表２　地方公務員制度の基本理念

全体の奉仕者性 （憲法第15条、地公法第30条）	すべての公務員は、全体の奉仕者であって一部の奉仕者ではないこと。
勤労者性 （憲法第28条、地公法第38条、地公法第52条）	労務提供の対価として得た報酬で生計を維持する存在として、勤労者性を有するものであること。 ただし、全体の奉仕者であること、公共性の高い職務を行っていることから、労働基本権の制限や営利企業への従事制限など一定の制約が課されること。
成績主義 （地公法第13条、第15条）	職員の任用は、受験成績、人事評価その他能力の実証に基づいて行わなければならないこと。
政治的中立性 （地公法第36条）	公正な行政運営、行政の安定性、継続性を確保するとともに、政治的な影響力から距離を保つことで職員の身分を保障するため、政治的行為には一定の制限が加えられていること。
能率性 （地公法第１条、自治法第２条第14項）	地方公共団体の行政の民主的かつ能率的な運営を保障するため、適切な方法による人材活用、適正な勤務条件の保障、秩序正しい職務遂行を図ること。

（米川謹一郎編著『試験・実務に役立つ！地方公務員法の要点　第10次改訂版』学陽書房、平成30年、４頁～５頁、橋本勇『新版　逐条地方公務員法　第４次改訂版』学陽書房、平成28年、17頁を参考に作成）

図表３　地公法の全体構成

総則 （第１章）	法律の目的・効力、一般職と特別職、法の適用範囲、 職員に対する条例の制定等	
人事機関 （第２章）	任命権者、人事委員会・公平委員会	
職員に適用される基準 （第３章）	通則（第１節）	平等取扱いの原則、情勢適応の原則
	任用 （第２節）	根本基準、定義、欠格条項、任命の方法、条件付採用・臨時的任用
	人事評価 （第３節）	根本基準、実施方法、人事評価に基づく措置、人事評価に関する勧告
	給与、勤務時間その他の勤務条件 （第４節）	根本基準、給与に関する条例及び給与の支給、給料表に関する報告及び勧告、就学部分休業、高齢者部分休業

	休業 （第４節の２）	休業の種類、自己啓発等休業、配偶者同行休業
	分限及び懲戒 （第５節）	基準、降任・免職・休職等、定年、再任用、懲戒、適用除外
	服務 （第６節）	根本基準、宣誓、法令等に従う義務、信用失墜行為の禁止、秘密を守る義務、職務専念義務、政治的行為の制限、争議行為等の禁止、営利企業の従事等の制限
	退職管理 （第６節の２）	退職管理
	研修（第７節）	研修
	福祉及び利益の保護（第８節）	根本基準、厚生福利制度、公務災害補償、勤務条件に関する措置要求、不利益処分に関する審査請求
	職員団体 （第９節）	職員団体、登録制度、交渉、行為の制限、不利益取扱の禁止
補足 （第４章）	特例、他の法律の適用除外、人事行政の運営状況の公表、等級等ごとの職員の数の公表、総務省の協力及び技術的助言	
罰則 （第５章）	罰則	

（橋本勇『新版　逐条地方公務員法　第４次改訂版』学陽書房、平成28年、８頁～13頁を参考に作成）

3　地方公務員の範囲と分類

（1）地方公務員の範囲

地公法第３条第１項では、地方公務員の範囲について、「地方公共団体及び特定地方独立行政法人の全ての公務員」とされその範囲は極めて広く、事務の内容、勤務の態様等も様々です。通常、地方公務員に該当するか否かは、３つの要素で総合的に判断されます（図表４）。

図表４　地方公務員に該当する否かの判断要素

職務の性質	従事すべき職務が地方公共団体又はその執行機関の事務であること
任命行為の有無	地方公共団体の任命権者により公務員として任命されていること
報酬の支払い	地方公共団体から、勤務の対価として報酬又は給料あるいは費用弁償の支払いを受けていること

（橋本勇『新版　逐条地方公務員法　第４次改訂版』学陽書房、平成28年、35頁～36頁を参考に作成）

また、地方公務員が働く部門には図表５に掲げる特徴があるとされています。

図表５　部門別の特色

一般行政（議会、総務・企画、税務、労働、農林水産、商工、土木）	国の法令等による職員の配置基準が少なく、地方公共団体が主体的に職員配置を決める余地が比較的大きい部門
福祉関係（民生、衛生）	国の法令等による職員の配置基準が定められている場合が多く、また、職員配置が直接住民サービスに影響を及ぼす部門
教育部門（※1）、警察部門（※2）、消防部門	国の法令等に基づく配置基準等により、地方公共団体が主体的に職員配置の見直しを行うことが困難な部門
公営企業等会計部門（病院、水道、交通、下水道、その他）	独立採算を基調として企業経営の観点から定員管理が行われている部門

※１　教育委員会の所管に属する学校その他の教育機関の教職員その他の職員は、「県費負担教職員」と呼ばれる（地方教育行政の組織及び運営に関する法律第34条、第37条）。これらの職員の任命権は都道府県教育委員会だが、服務の監督は市町村教育委員会が担う（同法第37条、第43条）。

※２　警察部門における警視正以上の階級にある警察官は、一般職の国家公務員とされる。

（総務省「平成30年地方公共団体定員管理調査結果の概要（平成30年４月１日現在）」（平成31年３月）２頁をもとに作成）

(2) 地方公務員の分類

①　一般職と特別職

地方公務員は一般職と特別職とに分類されます。

特別職は大きく3つに分類され（図表6）、法律の定めがある場合を除き地公法が適用されず、自治法・規程・要綱等による人事管理が行われています。また、特別職の服務に関しては職務上の命令に従う義務、職務専念義務、守秘義務などの地公法の規定は適用されず、地方自治法施行規程でそれぞれの職について規定されています（自治法附則第9条）。

なお、特別職への労働基準法（以下、労基法）の適用や労働組合への加入の可否は、その職の労働者性の有無により判断されます。

図表6　特別職の種類（地公法第3条第3項各号）

選挙等によって就任する職	就任について、公選又は地方公共団体の議会の選挙、議決若しくは同意によることを要する職	○地方公共団体の長、議会の議員 ○選挙管理委員会の委員 ○副知事、副市長、監査委員、人事委員会・公平委員会の委員、教育委員会の教育長　など
自由任用職	特定の知識経験、人間関係や政策的な配慮のもとに任命権者が任意に任用する職	○地方公営企業の管理者、企業団の企業長 ○長・議長その他地方公共団体の長の秘書の職で条例で指定する者 ○特定地方行政法人の役員
非専務職	公務で主たる生計を立てるのではなく、一定の知識や経験、技能などに基づき、随時地方公共団体の業務に参画する者の職	○委員会、審議会の委員 ○臨時又は非常勤の顧問・参与・調査員・嘱託員等 ○非常勤の消防団員、水防団員

（猪野積『地方公務員制度講義 第7版』第一法規、令和2年、6頁～7頁、米川謹一郎編著『試験・実務に役立つ！地方公務員法の要点　第10次改訂版』学陽書房、平成30年、14頁～15頁を参考に作成）

②　常勤職員と非常勤職員

自治体の運営は、公務の中立性、長期育成、身分保障、企画立案やサービスの質の担保等の観点から、任期の定めのない常勤職員を中心に行われています。

一方で、多様な行政課題への対応や厳しい財政上の制約などから、臨時・非常勤職員、定年退職後の職員である再任用職員、専門的知識経験や一定期間の業務量増加を見込んで採用される任期付職員など、求められる業務の量や質に応じた様々な任用形態があります（図表7）。

図表7　勤務時間・業務内容・任期の有無等による地方公務員の類型

<table>
<tr><th></th><th>業務内容</th><th>任期</th><th>類型</th><th>任用条文</th></tr>
<tr><td rowspan="6">フルタイム</td><td rowspan="3">本格的・恒常的</td><td>なし</td><td>常勤職員</td><td>地公法第17条</td></tr>
<tr><td rowspan="2">あり</td><td>任期付職員</td><td>地方公共団体の一般職の任期付職員の採用に関する法律（以下、任期付採用法）第3条、第4条</td></tr>
<tr><td>再任用職員</td><td>地公法第28条の4</td></tr>
<tr><td rowspan="2">補助的・臨時的・代替的</td><td rowspan="2">あり</td><td>臨時的任用職員</td><td>地公法第22条の3</td></tr>
<tr><td>会計年度任用職員</td><td>地公法第22条の2第1項第2号</td></tr>
<tr><td rowspan="3">短時間</td><td rowspan="2">本格的・恒常的</td><td rowspan="2">あり</td><td>任期付短時間職員</td><td>任期付採用法第5条</td></tr>
<tr><td>再任用職員</td><td>地公法第28条の5</td></tr>
<tr><td>補助的・臨時的・代替的</td><td>あり</td><td>会計年度任用職員</td><td>地公法第22条の2第1項第1号</td></tr>
</table>

（出典：上林陽治「「非常勤」「常勤」の区分要素と給与条例主義～茨木市臨時的任用職員一時金支給事件・最高裁判決（平22.9.10）、枚方市非常勤職員一時金等支給事件・大阪高裁判決（平22.9.17）を例に～」『自治総研』公益財団法人地方自治総合研究所、通巻389号、2011年3月号、102頁、表1、一部改変）

③　企業職員及び単純労務職員

（ア）企業職員

企業職員とは、自治体が経営する企業である地方公営企業に属する職員をいいます。

地方公営企業の種類は、地方公営企業法（以下、地公企法）第２条第１項に規定される事業（法適用事業）と、それ以外の事業（法非適用事業）があります（図表８）。法非適用事業は条例で定めることにより、地公企法の規定の全部又は一部を適用することができます（同条第３項）。

企業職員は、一般職の地方公務員であるものの、他の一般行政職員と比較し公権力行使の程度が薄く、民間労働者に近い性格です。そのため地公企法第39条で地公法の適用が一部除外され、地公法で適用が

図表８　地方公営企業の種類

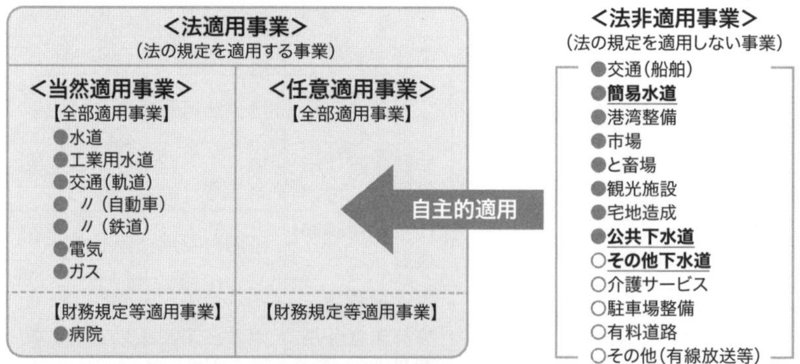

任意適用事業における全部適用と財務適用の比較

	全部適用	財務適用
適用される規定	地方公営企業法のすべての規定	地方公営企業法のうち一部の規定（財務規定等のみ）
会計方式	企業会計方式	企業会計方式
組織体制	原則として管理者を設置 管理者が業務を執行	地方公共団体の長が業務を執行
職員の身分	地方公営企業労働関係法の適用	地方公務員法の適用

（出典：総務省「地方公営企業法の適用に関する簡易マニュアル　スタートアップ版」平成27年１月公表、１頁・10頁）

除外される労基法の規定（例えば、法定外時間外労働に関する協定（いわゆる「36協定」）など）が適用されること、民間企業の就業規則に相当する企業管理規程により労務管理が行われることなど、職員の身分取扱いの面で違いがあります。

また、労使関係については、地方公営企業等の労働関係に関する法律（以下、地公労法）が適用され、一般の地方公務員とは労働協約締結権の有無などで違いがあります。

企業職員の身分取扱いの概略は、図表９のとおりです。

図表９　企業職員の身分取扱いの概略

項　目	身分取扱いの概略
労働関係	地公法は適用されない。地公労法、労働組合法、労働関係調整法の定めるところによる
人事委員会、公平委員会	関与しない
任用	地公法に定めるところによる
給与	地公法は適用されず、以下の事情を考慮（地公企法第38条） ①生計費 ②同一又は類似の職種の国及び地方公共団体の職員並びに民間事業の従事者の給与 ③地方公営企業の経営の状況 ④その他の事情
給与以外の勤務条件	地公法は適用されず、管理者が企業管理規程で定める
分限、懲戒	地公法に定めるところによる
服務	地公法の定めるところによる ただし、一部の職を除き政治的行為の制限が適用されない
最低賃金法 労働基準法	適用される

（出典：細谷芳郎『図解地方公営企業法　第３版』第一法規、2018年、247頁・250頁、一部改変）

(イ) 単純労務職員

単純労務職員とは、地公法第57条で規定される「単純な労務に雇用される者」です。この単純労務職員の範囲は、昭和27年９月30日に失効した「単純な労務に雇用される一般職に属する地方公務員の範囲を定める政令」(昭和26年政令第25号) で定められていた範囲と一致するものと解釈されています (昭和38年５月８日自治丁公発第130号)。

これらの単純労務職員の身分取扱いは、地公法第57条で地公法とは別に身分の取扱いをする法律を定めるとされていますが、未制定な状態であり、現在のところ企業職員の規定が準用されています (地公労法附則第５項)。

4 人事機関

(1) 人事機関の種類

人事機関とは、専門的かつ特殊な自治体人事行政を適切に運用するために設置された機関で、直接職員に対し人事権を行使する任命権者と、適正な人事権が行使されているかをチェックする人事委員会及び公平委員会の２種類があります。

(2) 任命権者

任命権者とは、各種執行機関に属する公務員の任命、人事評価、休職、免職及び懲戒等を行う権限を有するものです (地公法第６条第１項)。自治体には都道府県知事・市町村長のほか、議会の議長、各種委員会など、数多くの任命権者が分立し、それぞれ独立して権限を行使しています。

ただ、同じ自治体内の職員の身分取扱いが、任命権者が異なることによって大きな差異が生じないよう、自治法では、自治体の長の各執行機関に対する勧告や協議に関する規定を設け、運用の統一性を図っています（第147条、第180条の４）。

(3) 人事委員会・公平委員会

①　組織の内容

人事委員会及び公平委員会は、職員に対して直接に人事権を行使する任命権者とは独立して、中立性、公平性を有する人事行政の専門機関です。

委員会の委員は、人格が高潔で、地方自治の本旨及び民主的で能率的な事務の処理に理解があり、かつ、人事行政に関し識見を有する者のうちから、議会の同意を得て、自治体の長が選任します（地公法第９条の２第２項）。また、事務局が置かれ、一定の規則制定を行うことができます（地公法第８条第５項、第12条）。

人事委員会、公平委員会のいずれを設置するかは自治体の規模に応じて定まっており、都道府県及び指定都市は人事委員会を必ず設置、人口15万以上の市及び特別区は人事委員会又は公平委員会のいずれかを設置、それ以外の自治体は公平委員会を設置するものとされています（地公法第７条）。

なお、都道府県及び指定都市以外で人事委員会を設置している自治体は、平成29年４月現在、和歌山市と特別区です。

②　権限

人事委員会及び公平委員会は、人事を司る中立的かつ専門的な機関として、任命権者の任命権の適切な行使をチェックするため、行政権限、準司法的権限、準立法的権限の３つの権限を有しています（図表10）。

また、公平委員会における権限は一部限定されており、その限定された権限は任命権者が直接行うこととなります。

図表10　人事委員会・公平委員会の権限

権限項目	主な権限	人事委員会	公平委員会
行政権限	人事行政に関する調査、人事評価・給与等の研究	○	−
	職員に関する条例の制定・改廃に関する意見申し出	○	−
	人事行政の運営、給与・勤務時間その他の勤務条件等の措置要求に関する勧告	○	−
	労働基準監督機関の職権の行使	○	−
	採用・昇任のための競争試験及び選考等	○	△
	職員団体の登録等	○	○
準司法的権限	勤務条件に関する措置要求の審査等	○	○
	不利益処分についての審査請求の審査	○	○
	職員団体の登録の取り消しの審理	○	○
準立法的権限	以下に関する規則制定（主なもの） ・任命方法の基準 ・選考採用の職の範囲 ・採用試験の受験資格要件 ・採用候補者名簿の作成、採用 ・等級別定数 ・初任給等の基準 ・給与支給方法 ・勤務時間及び休暇 ・分限及び懲戒の手続	○	−
	以下に関する規則制定（主なもの） ・委員会の議事手続等 ・勤務条件に関する措置要求 ・不利益処分に関する審査請求 ・管理職員等の範囲	○	○

（米川謹一郎編著『試験・実務に役立つ！地方公務員法の要点　第10次改訂版』学陽書房、平成30年、22〜23頁を参考に作成）

第2節 地方公務員と民間労働者との違い

地方公務員と民間労働者は、労務を提供しその対価として報酬を受け生計を維持している点では同様ですが、労働関係の成立、勤務条件の決定、労働基本権の保障範囲、労働法令の適用関係、労働基準監督機関、紛争の解決など様々な場面でその取扱いが異なります。

I 労働関係の成立

(1) 民間労働者の場合

民間労働者と民間企業との労働関係は、労働契約により成立します。この労働契約のルールとして労働契約法があり、その成立については次のとおり、労働者と使用者との双方の合意が前提となっています。

労働契約法

「労働契約は、労働者及び使用者が対等の立場における合意に基づいて締結し、又は変更すべきものとする」（第３条第１項）

「労働契約は、労働者が使用者に使用されて労働し、使用者がこれに対して賃金を支払うことについて、労働者及び使用者が合意することによって成立する」（第６条）

(2) 地方公務員の場合

これに対して、地方公務員と自治体との労働関係は、任命権者による任用行為により成立します。この任用の性質は、労働者と使用者が対等の立場で合意する労働契約と違い、「相手方の同意を要する行政行為」

（橋本勇『新版　地方公務員法　第４次改訂版』学陽書房、平成28年、222頁）として解釈されています。また、勤務条件が法律又は条例により決定される点も、合意が前提である労働契約と異なります。

このため、労働契約法は地方公務員には適用されず（第22条第１項)、同法の施行通知でも「地方公務員は、任命権者との間に労働契約がないことから、法が適用されない」とされています（平成24年８月10日基発0810第２号)。

(3) 公務員の任用が労働契約でないことの影響

地方公務員の任用が労働契約ではなく行政行為であることにより、様々な場面で、民間労働者と異なる取扱いが生じます。例えば、採用内定の労働契約成立の効果がないこと、退職について任命権者からの承認がなければ効力が生じないこと、非常勤職員などの期間のある任用について更新を繰り返しても期間のない任用には転換されないこと、などが挙げられます。

2 勤務条件の決定の場面

給与、勤務時間、休憩、休日、休暇、昇任、昇給、安全衛生、災害補償などの勤務条件は、民間労働者における労働条件にあたります。この決定方法についても地方公務員と民間労働者で違いがあります。

(1) 民間企業での労働条件の決定方法

労働条件の内容は、労基法で「労働条件は、労働者が人たるに値する生活を営むための必要を充たすべきものでなければならない」（第１条第１項）とされ、「労働者と使用者が、対等の立場において決定すべきものである」（第２条第１項）と定められています。

そして、民間企業では、全産業の労働組合が賃金のベースアップを要求する春闘により、労働条件が決定されています。通常、最初に大企業

◆任用の定義・種類◆

1　任用の定義

地公法では「職員の職に欠員を生じた場合においては、任命権者は、採用、昇任、降任又は転任のいずれかの方法により、職員を任命することができる」としている（第17条第１項）。この地方公務員の職に具体的に人を充てる任命と任用は、地公法上同じ意味で用いられている。

2　任用の種類

任用の種類には、図表①に掲げる地公法で規定される基本類型のほか、図表②に掲げる慣行や法令に基づく類型がある。

図表①　地公法で規定される任用の基本類型

任用の種類	内　容
採　用	職員以外の者を職員の職に任命すること
昇　任	職員をその職員が現に任命されている職より上位の職制上の段階に属する職員の職に任命すること
降　任	職員をその職員が現に任命されている職より下位の職制上の段階に属する職員の職に任命すること
転　任	職員をその職員が現に任命されている職以外の職員の職に任命することで昇任、降任に該当しないもの

（地公法第15条の２第１項をもとに作成）

図表②　慣行や法令に基づく任用の類型

種　類	内　容
兼職	その職を保有したまま他の職に任命されること（併任又は兼務）。 ・他の執行機関の職員を兼ねる（自治法180条の３） ・他の地方公共団体の職を兼ねる（自治法252条の17による職員派遣）
充て職	法令等の規定により職員が当然に他の一定の職を占めること。任命行為は不要で、本来の職に任命すれば、自動的に職を兼ねる。

事務従事	職員に対して他の職の職務を行うことを命ずること。 簡便な組織間の相互応援の方法として活用され職務命令を発令すれば足りる。
事務取扱 事務心得	ある職の職員が欠員となったり、病気により勤務を欠く場合、暫定的にその職の事務を命じるもの（事務従事の一類型）。 ・上司又は同僚に発令されるもの：事務取扱 ・下位の職位の職員に発令されるもの：事務心得
出向	職員の任命権者が他の任命権者の機関に任命されることを命じ、当該他の任命権者が新たな任命の発令を行うこと。
職員派遣	「公益法人等への一般職の地方公務員の派遣等に関する法律」第２条第１項に基づく派遣。 ・派遣先：一般社団法人等、その業務が自治体の事務事業と密接な関係を有し、人的援助を行うことを自治体の条例で定められた団体 ・派遣の手続き：あらかじめ派遣先との間での報酬、従事すべき内容等を協定で定める。派遣される職員の同意が必要 ・派遣期間：原則３年以内（５年まで延長可） ・給与支給：原則として派遣先の団体が負担（例外あり）
退職派遣	「公益法人等への一般職の地方公務員の派遣等に関する法律」第10条第１項に基づく派遣。 ・派遣先：自治体が出資する株式会社のうち、その業務が公益の増進に寄与し自治体の事務事業と密接な関係を有し、人的援助を行うことを自治体の条例で定められた団体 ・派遣の手続き：あらかじめ派遣先との間での報酬、従事すべき内容等を協定で定める。派遣される職員への要請、同意が必要 ・派遣期間：原則３年以内 ・給与支給：派遣先の法人が負担

（猪野積『地方公務員制度講義 第７版』第一法規、令和２年、65頁～70頁を参考に作成）

が交渉を行い、その結果決定された賃金相場が、その後の中小企業の交渉に影響を与えることとなります。

（2）地方公務員の勤務条件の決定方法

地方公務員の勤務条件は、地公法第24条第５項により「職員の給与、勤務時間その他の勤務条件は、条例で定める」とされ、労使の話合いのみでは決定できず、住民の代表である議会の承認が必要となる点で民間企業と異なります（勤務条件条例主義）。また、給与水準についても国及び他の自治体の職員並びに民間企業の給与などの事情を考慮して定めることも求められています（地公法第24条第２項）。

また、地公法第14条第１項で規定される、給与、勤務時間その他の勤務条件が社会一般の情勢に適応するように、随時、適当な措置が求められる情勢適応の原則により、国家公務員の給与水準を民間企業従業員の給与水準と均衡させること（民間準拠）を目的とした人事院勧告が、自治体の勤務条件決定に大きな影響を与えます。

具体的な地方公務員の給与改定手順は、毎年８月に人事院勧告が行われ、その後各自治体の人事委員会から自治体の議会及び長への勧告、職員団体と当局との交渉を経た上で、議会で条例が承認される流れです（図表11）。また、労基法などの労働法令の改正についても、人事院勧告と同じタイミングで出される国家公務員の人事管理に関する報告などに基づき対応していくこととなります。

図表11　地方公務員の給与改定の手順

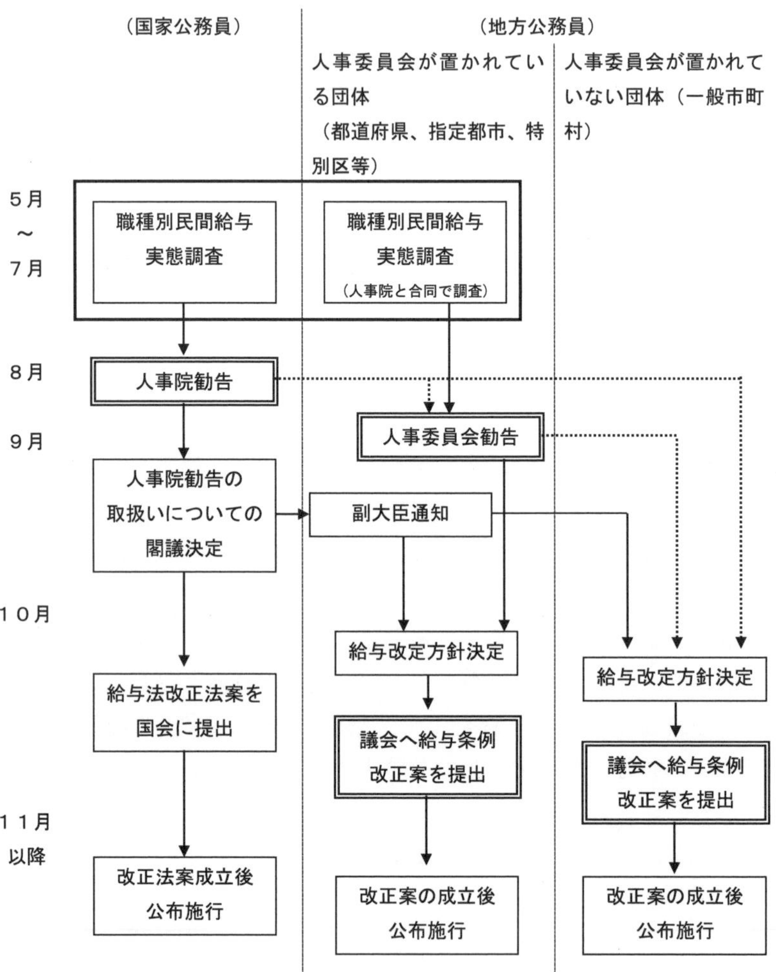

（出典：一般財団法人自治総合センター「地方公務員の給与決定に関する調査研究会報告書」平成30年３月、41頁、資料７）

◆勤務条件の基礎知識◆

1　給与

（ア）　給与は職員の勤務に対する対価であり、給料と諸手当とで構成されている。

（イ）　給料は、条例により定められた給料表の額を支給する。給料表には職務の種類に応じてそれぞれ別個の給料表が定められている（国家公務員の俸給表は17種類）。

（ウ）　職務の内容と責任の程度に応じた「級」と、経験の程度による熟練度を示す「号給」により設定されている。

（エ）　手当の種類は、自治法第204条第２項に限定列挙され、その支給方法は条例で定めなければならない。

2　給与決定に関する諸原則（地公法第24条）

（ア）　職務給の原則（第１項）

給与は職務と責任に応ずるものでなければならない。

（イ）　均衡の原則（第２項）

給与は生計費・国及び他の地方公共団体の職員・民間企業の従事者の給与その他事情を考慮して定められなければならない。

（ウ）　重複給与支給の禁止（第３項）

職員は、他の職員の職を兼ねる場合に、これに対して給与を受けてはならない。

（エ）　条例主義（第５項）

職員の給与は議会の議決に基づく条例で定める。

3　給与以外の勤務条件の均衡原則（地公法第24条第４項）

「職員の勤務時間その他職員の給与以外の勤務条件を定めるに当つては、国及び他の地方公共団体の職員との間に権衡を失しないように適当な考慮が払われなければならない」

3 労働基本権

(1) 労働基本権

労働者には、使用者と対等な立場で交渉できるよう、憲法第28条で次の労働三権が認められており、この権利を保障するための法律が労働組合法と労働関係調整法です。

①労働者が労働組合を結成する権利（団結権）

②労働者が使用者と労働条件について団体交渉する権利（団体交渉権）

③労働者が要求実現のために団体行動する権利（団体行動権及び争議権）

(2) 地方公務員の労働基本権

地方公務員も、勤務に対し給与支給を受け生活をしている点では民間労働者と同様で労働基本権は認められますが、全体の奉仕者としての地位の特殊性と職務の公共性の観点から、その一部は制約を受けます。

また、その制約はすべての地方公務員で同様ではなく、職務の性格を踏まえた違いがあります（図表12）。

図表12　労働基本権の制約の比較表

（○＝制限なし、△＝一部制限、×＝禁止）

	民間労働者	一般行政職 教育職員	企業職員 単純労務職員	警察職員 消防職員
団結権	○ 労働組合	○ 職員団体	○ 労働組合※	×
団体交渉権	○ 労働協約	△ 書面協定	○ 労働協約※	×
争議権	○ ストライキ等	×	×	×

※単純労務職員は職員組合の結成もできるが、その場合は労働協約の締結はできない。
（猪野積『地方公務員制度講義　第７版』令和２年、227頁、米川謹一郎編著『試験・実務に役立つ！地方公務員法の要点　第10次改訂版』学陽書房、平成30年、185頁を参考に作成）

(3) 職員団体

① 職員団体

職員団体とは、職員の勤務条件の維持改善を図ることを目的として組織する団体で、自治体の当局と交渉を行う団体です。

また、職員団体は条例で定めるところにより、人事委員会又は公平委員会に登録を申請することができます。この登録制度は、職員団体の組織・運営が自主的・民主的であることを公に認めるもので、登録による効果として「適法な交渉申入れに対し当局が応ずべき地位に立つこと」(地公法第55条第１項)、「職員団体は法人格を取得できること」(職員団体等に対する法人格の付与に関する法律第３条第１項第３号)、「職員が役員として在職専従職員となることができること」(地公法第55条の２第１項ただし書き) が挙げられます。

登録の主な要件（地公法第 53 条）

(ア) 職員団体の規約に、名称等法定の必要事項が記載されていること（第２項)。

(イ) 規約の作成や役員の選挙等の職員団体の重要事項が、民主的な手続きによって決定されていること（第３項)。

(ウ) 職員団体の構成員が同一の自治体の職員のみで組織されていること（第４項)。

職員団体の基本事項

(ア) 結成、加入の自由が認められている

民間企業では、特定の労働組合に加入していないと雇用されず、組合員でなくなると社員の身分を失うクローズド・ショップ制や、採用条件として加入を義務付けるユニオン・ショップ制とする場合があるが、地方公務員は、成績主義の徹底や身分保障の観点から、職員に職員団体の結成や加入の自由を認める、オープ

ン・ショップ制が採用されている（地公法第52条第３項）。

（イ）加入できない職種がある

職員団体に加入できる「職員」には、警察職員、消防職員は含まれない（地公法第52条第５項）。

なお、企業職員、単純労務職員は、職員団体・労働組合のいずれにも加入することができる。

（ウ）登録を受けるには構成員が同一自治体の職員である必要がある

職員団体としての登録を受けるためには、構成員が同一の自治体の職員である必要がある（地公法第53条第４項）。これは、職員の勤務条件が個々の自治体ごとに条例で定められており、その自治体の職員のみ組織する職員団体と交渉を行うことが、職員の経済的地位向上には最も効率的であるため。

（エ）管理若しくは監督の地位にある職員等は加入できない

管理的地位にある職員、監督的地位にある職員等は、管理職員等以外の職員とは同一の職員団体を組織することはできない。この管理職員等の範囲は、人事委員会又は公平委員会がその規則で定めることとされている（地公法第52条第３項、第４項）。

②　職員団体と労働組合との違い

職員団体と労働組合は、給与、勤務時間その他の勤務条件に関し、自治体の当局と交渉を行うことができる点では同じですが、以下の場面での取扱いが異なります。

（ア）交渉が合意に至らない場合

職員団体の場合

職員団体と当局との交渉で、意見の一致がみられない場合には交渉は打ち切られることとなります。

その場合、職員は争議行為等が禁止されており、民間労働者に認められるストライキ等を行う権利は認められていません（地公法第37

条)。

労働組合の場合

労働組合と当局との交渉で意見の一致がみられない場合には、労働関係調整法に規定される労働委員会の斡旋・調停・仲裁の手続きに移行します（労働関係調整法第10条～第35条)。

なお、企業職員や単純労務職員で組織する労働組合も争議行為等は禁止されていることから、民間労働者に認められるストライキ等を行う権利が認められないことは職員組合と同じです（地公労法第11条)。

（イ）交渉が合意に至った場合

職員団体の場合

職員団体は、自治体の当局との交渉の結果、合意に達した事項について、法令等に抵触しない限りにおいて、書面において協定を締結することができます（地公法第55条第９項)。

この協定には法的拘束力はありませんが、当局は協定をもとに条例・規則その他の規定の改廃のための措置や、予算上の必要な措置を講ずるなど、双方が誠意と責任をもって履行しなければならないとされています（地公法第55条第10項)。

労働組合の場合

労働組合は、交渉の結果合意に達したときは、労働協約を締結することとなります（労働組合法第14条)。

この労働協約には職員組合との合意とは異なり法的拘束力があります。法的拘束力の具体例としては、協約に違反する個別の勤務条件を無効とする規範的効力、事業場の４分の３以上の労働者を組織する労働組合との労働協約が同一事業場の非組合員にも拡張して適用される一般的拘束力などが挙げられます（労働組合法第16条～第18条)。

なお、地方公営企業において、条例に抵触する内容を有する労働協約が締結されたときは、自治体の長には、締結後10日以内に、その労働協約が条例に抵触しなくなるために必要な条例の改正又は廃止に係る議案を議会に付議して、その議決を求めなければなりません（地公労法第８条第１項）。また、締結された労働協約が規則に抵触する場合も、速やかに、その労働協約が規則その他の規程に抵触しなくなるために必要な規則、その他の規程の改正又は廃止のための措置をとらなければなりません（地公労法第９条）。

なお、地方公営企業の予算上又は資金上、不可能な資金の支出を内容とする労働協約が締結された場合、自治体の長は、事由を附しこれを議会に付議して、その承認を求めなければなりません。この場合、議会によって所定の行為がなされるまでは、協約内容は自治体を拘束せず、いかなる資金といえども、当該協約に基いた支出はできないこととなります（地公労法第10条）。

4　労働法の適用関係

（1）労働法

憲法第27条では「勤労の権利義務」「勤務条件に関する基準の法定」「児童酷使の禁止」を、第28条では労働三権（団結権、団体交渉権、団体行動権）が規定されています。

企業などの組織に属する人が働く条件は、労働者と使用者間の合意で決定することが原則ですが、合意内容を当事者間の自由に任せた場合、労働者と使用者との力関係により低賃金や長時間労働などの劣悪な労働条件となるおそれがあることから、両者の実質的な対等関係を保つ必要があります。

これらの憲法上の規定や社会的な要請を受けて整備された、労働者と使用者間の労働関係について一定のルールを定めた法律を総称したものを労働法といいます。

（2）地方公務員への労働法の適用関係

地方公務員も、勤務に対し給与支給を受け生活をしている点では民間労働者と同様であり、労働法の保護を受けることが前提となります。

一方、地方公務員の全体の奉仕者としての地位の特殊性、職務の公共性、労働契約を前提としない任用関係であることにより、労働法の一部の適用が除外されています。また、常勤・非常勤の任用形態の別や従事する事業の別により労働法の適用関係が異なる点があります（図表13）。

図表13　主な労働に関する法律の地方公務員への適用関係

法律名	概　要	地方公務員の取扱い
労働施策の総合的な推進並びに労働者の雇用の安定及び職業生活の充実等に関する法律（旧雇用対策法）	雇用に関する国の政策全般にわたる必要な施策の基本を定めた法律	原則適用 年齢にかかわらない募集採用、再就職援助計画の部分は適用除外
職業安定法	官民の職業紹介事業、労働者の募集等のルール等について定めた法律	原則適用
労働基準法	労働条件の最低基準を定めた法律	原則適用 （一部適用除外。詳細は29～32頁参照。）
労働安全衛生法	労働災害を防止するための基準や職場における安全と健康確保について定めた法律	原則適用
労働契約法	労働契約のルールを定めた法律	適用除外
短時間労働者及び有期労働者の雇用管理の改善等に関する法律（パートタイム・有期労働者労働法）	正社員と短時間労働者・有期労働者・派遣労働者との均等均衡待遇を定めた法律	適用除外
労働者派遣事業の適正な運営の確保及び派遣労働者の保護等に関する法律 （労働者派遣法）	労働者の派遣に関するルールを定めた法律	原則適用

法律名	概　要	地方公務員の取扱い
最低賃金法	地域や職種ごとに賃金の最低額を定めた法律	適用除外 ※企業職員及び単純労務職員には適用
雇用の分野における男女の均等な機会及び待遇の確保等に関する法律 （男女雇用機会均等法）	雇用における男女の均等な機会や待遇確保について定めた法律	一部適用 ※性別にかかわらない募集採用、紛争解決・指導公表等は適用除外
育児休業、介護休業等育児又は家族介護を行う労働者の福祉に関する法律 （育児・介護休業法）	育児休業と介護休業について定めた法律	「地方公務員の育児休業等に関する法律」に規定される事項以外は適用
次世代育成支援対策推進法	仕事と子育ての両立などの雇用環境や労働条件の整備等を進める「一般事業主行動計画」に関して定めた法律	原則適用
女性の職業生活における活躍の推進に関する法律 （女性活躍推進法）	従業員が一定数以上の事業主に、女性活躍に関する状況把握・課題分析、行動計画作成周知、情報公表に関して定めた法律	原則適用
障害者の雇用の促進等に関する法律 （障害者雇用促進法）	障害者雇用率や職業リハビリテーションの措置等について定めた法律	原則適用
高年齢者等の雇用の安定等に関する法律 （高年齢者雇用安定法）	定年延長や定年後の再雇用について定めた法律	定年の引上げ、継続雇用制度の導入等による高年齢者の安定した雇用の確保の促進、再就職の援助等は適用除外（第７条第２項）
雇用保険法	失業手当などの給付、労働関係の助成金を定めた法律	退職手当の支給対象ではない職員に適用

法律名	概　要	地方公務員の取扱い
労働者災害補償保険法（労災法）	労働者が業務または通勤中に被災した場合の保険給付について定めた法律	労基法別表第１に掲げる事業に勤務する非常勤職員に適用
労働保険の保険料の徴収等に関する法律（労働保険徴収法）	労働保険の保険関係の成立・消滅、労働保険料の納付手続き等について定めた法律	雇用保険法、労災法が適用される職員に適用
健康保険法	労働者及び被扶養者の業務外の疾病負傷、出産、死亡等の場合の給付について定めた法律	職員が組織する共済組合に加入しない者について適用（健康保険法第３条第８号）
厚生年金保険法	労働者の老齢、障害、死亡について必要な給付を行う年金制度について定めた法律	
労働組合法	労働組合の組織、団体行動、不当労働行為の救済等に関して定めた法律	適用除外 ※企業職員及び単純労務職員には適用
労働関係調整法	労働関係の調整、労働争議の予防・解決に関して定めた法律	適用除外 ※企業職員及び単純労務職員は適用
個別労働関係紛争の解決の促進に関する法律（個別労働紛争解決促進法）	個々の労働者と使用者との間の自主的な紛争解決手段について定めた法律	適用除外（第22条） ※一般職のうち、企業職員及び単純労務職員は適用される

(3) 労働基準法の地方公務員への適用関係

①　労働基準法（労基法）の概要

職員の労務管理で特に重要な法律として労基法があります。この法律は、労働条件一般についての共通原則と諸定義を定めた総則に始まり、労働契約、賃金、労働時間、休憩、休日及び年次有給休暇、安全及び衛生、年少者、妊産婦等、技能者の養成、災害補償、就業規則、寄宿舎、監督機関等に関する諸規定と罰則で構成されます。

労基法で定める労働条件は最低のもので、労基法で定める基準に達しない労働契約は、その部分については無効となり、無効となった部分は労基法で定める基準によることになります。

②　地方公務員への労基法の適用

労基法の適用が除外される国家公務員と違い、地方公務員は労基法が原則適用となります。ただし、地方公務員制度の趣旨に適合しない場合、地公法に特別の定めがある場合、地公法に読替え規定が設けられている場合などには、労基法が適用されないことがあり、その適用関係は複雑です（図表14）。

また、職務の性格が民間労働者と類似性が高い企業職員や単純労務職員については、労基法の地方公務員への適用除外規定の大部分が適用されません（地公企法第39条）。

図表14　労働基準法の地方公務員への適用区分

項　目	条　文	右記以外の職員	労基法別表１ １号～10号 13号～15号の事業に従事する職員	企業職員 単純労務職員
労働条件の原則	１条	○	○	○
労働条件の対等決定	２条	×	×	○
総則・労働契約	３条～14条第１項	○	○	○
有期契約労働者の雇止めの基準	14条第２項・第３項	×	×	×
労働条件の明示、解雇、退職	15条～23条	○	○	○
賃金支払い３原則	24条第１項	×	×	○
賃金、労働時間	24条第２項～32条	○	○	○
１か月単位の変形労働時間制	32条の２	△※１	△※１	○
フレックスタイム	32条の３～32条の３の２	×	×	○
１年単位の変形労働時間制	32条の４～32条の４の２	×※２	×	○
１週単位の非定型的変形労働時間制	32条の５	×	×	○
災害等による時間外労働	33条第１項・第２項	○	○	○
公務のための臨時の時間外労働	33条第３項	○※３	×	○※３
休憩	34条	△※１	△※１	○
休日、時間外休日労働、事業場外労働	35条～38条の２第１項 ※第37条第３項は除く	○	○	○
時間外勤務代替休暇	37条第３項	△※１	△※１	○

項　目	条　文	右記以外の職員	労基法別表1 1号～10号 13号～15号の事業に従事する職員	企業職員 単純労務職員
事業場外労働の定め、裁量労働制	38条の2第2項～38条の4	×	×	○
年次有給休暇	39条第1項～5項・9項・10項	○	○	○
時間単位の年次休暇	39条第4項	△※1	△※1	○
年休時季指定の定め	39条第6項～第8項	×	×	○
労働時間及び休憩の特例、労働時間等に関する規定の適用除外	40条・41条	○	○	○
高度プロフェッショナル制度	41条の2	×	×	○
年少者、妊産婦等、技能者養成等	42条～74条	○	○	○
災害補償	75条～88条	△※4	△※4	△※4
就業規則	89条～93条	×	×	○
寄宿舎、監督機関	94条～101条	○	○	○
司法警察権	102条	×	○	○
雑則、罰則等	103条～121条	○	○	○

※1　使用者は、労働組合又は労働者の過半数を代表する者との協定によることなく、条例等の定めにより、1か月単位の変形労働時間制、一斉休憩の除外、時間外勤務代替休暇、時間単位年休を定めることができるようそれぞれ読み替えが行われている。

※2　令和3年4月1日より教職員に適用される。

※3　労基法別表第1に掲げる事業は、同条文は適用除外であることから、法定労働時間を超えて、または休日に労働させる場合には、別途労基法第36条第1項に定める労働組合等との書面による協定が必要となる（労基法第33条第3項）。

※4　常時勤務に服することを要しない職員（地公災法第2条第1項に規定する者以外の者）には、適用される。

（本表中、項目及び条文の欄中の区分については、猪野積『地方公務員制度講義　第7版』第一法規、令和2年、181頁をもとに作成）

5 労働基準監督機関の行使される機関の違い

（1）労働基準監督機関

労働基準関係法令では、労働者の労働条件を護るため、決められた行政機関が監督権を行使することになっており、この機関を「労働基準監督機関」と呼びます。通常民間労働者に対する監督権は労働基準監督署が行使します。

（2）地方公務員に対する労働基準監督機関

地方公務員に対する労働基準監督機関の行使権限の主体は、身分取扱いが異なる点があることと、公務の特殊性を考慮しながら監督を行う必要があるため、人事委員会と労働基準監督署とに区分されています（図表15）。

なお、労基法別表第１の事業に従事する職員は職種に関わらず労働基準監督署の監督に服するため、自治体の事業が、同表のいずれの号の事業に該当するかを整理する必要があります（図表16）。この点については、人事委員会（人事委員会が設置されていない市町村の場合は長）が決定することになりますが、決定の際には労基法を所管する厚生労働省の機関（都道府県労働局）と協議することが適当であるとされています（昭和38年６月３日自治丁公発166）。

◆労働基準監督署の業務内容◆

労働法令違反の状態を迅速に是正し、違反行為を未然に防止することで労働者の権利擁護を図ることを目的に設置された厚生労働省の出先機関で、全国の都道府県労働局47局の下に、労働基準監督署が設置されている。

労働基準監督署には、事業所に対する労働基準諸法令の遵守指導や違反行為の取締りのため、事業主や労働者に対する報告・出頭を命じることや立入調査を行う行政監督権限がある（労基法第101条、第104条の２）。また、違反者を逮捕・送検する権限もある（労基法第102条）。労働基準監督署の業務の流れは以下の図表のとおり。

図表　労働基準監督署の監督指導の流れ

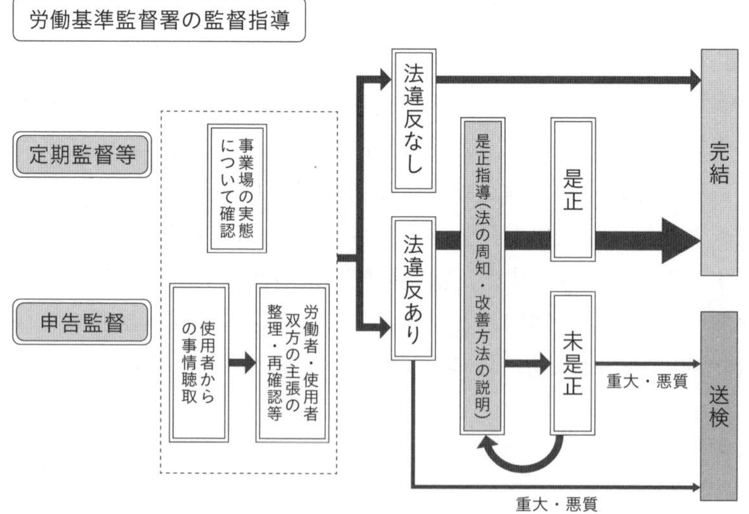

（出典：厚生労働省「労働基準監督業務について」公益通報者保護専門調査会資料、平成30年６月13日、資料3-3）

図表15　地方公務員に対する労働基準監督機関の区分

職員の区分	労働基準監督機関
非現業職員（下記に掲げる職員を除く。）	人事委員会 ※人事委員会の設置のない市町村にあっては長
・労働基準法別表第１の１号～10号、13号～15号の事業に従事する職員 ・単純労務職員 ・地方公営企業の職員 ・特定地方独立行政法人の職員	労働基準監督署

（厚生労働省労働基準局『労働基準法解釈総覧　改訂15版』労働調査会、平成26年、666頁～675頁を参考に作成）

図表16　労働基準法別表第１　号別区分の例

号別	事　業	事　業　場　例
一	製造業	企業局本庁、電気・ガス・水道の各事業場、自動車整備工場、印刷場
二	鉱業	砂利採取事業所
三	土木・建築	土木事務所、空港建設事務、土地改良事務所、公園管理事務所
四	交通	交通事業の本局及び事業場
五	港湾	港湾管理事務所
六	農林	林業事務所、農業センター、植物園
七	牧畜・水産	畜産センター、水産種苗センター、水族館
八	商業	駐車場、市場、物産館、野球場
九	金融・広告	公益質屋、観光案内所
十	映画・演劇	公営競技事務所
十一	郵便・通信	水産事務所無線局
十二	教育・研究	幼稚園、学校、図書館、公民館、博物館、体育館など
十三	保健・衛生	病院、保健所、保健センター、保育所など
十四	娯楽・接客	国民宿舎、ユースホステル、保養センター
十五	清掃・と畜	清掃事業所、火葬所、し尿処理場、終末処理場、家畜処理場

上記以外	官公署の事業	本庁、支所、出張所、行政委員会など

（出典：小川友次・澤田千秋編著『地方公務員の〈新〉勤務時間・休日・休暇　第2次改訂版』学陽書房、平成29年、40頁、一部改変）

6 労働紛争解決の仕組み

(1) 個別労働紛争の解決方法の地方公務員への適用関係

労働紛争は、使用者と労働者間での個別のものと、労働組合がかかわる集団的なものに分類されますが、最近では個別のものが増加しており、これらの紛争を処理するための様々な解決方法が存在しています。これらの解決方法の地方公務員への適用は、公務員の任用が行政事件として取り扱われることから、民間労働者と異なる点が多くあります（図表17）。

図表17　個別労働紛争の解決方法と地方公務員への適用

実施主体		種　類	体　制	判断／合意の強制執行力	相手の参加義務	地方公務員への適用
行政	都道府県労働局（※１）	調停 あっせん	調停委員（弁護士等） 紛争調整委員（弁護士等）	なし	任意 （不参加の場合手続き終了）	適用除外 企業職員・単純労務職員には適用 （個別労働関係紛争の解決の促進に関する法律第22条）
	都道府県労働局紛争調整委員会	あっせん	紛争調整委員（弁護士等）			
	都道府県労働委員会	あっせん	あっせん委員会（公労使三者構成）（労働委員会委員や労働問題の専門家等）			
	都道府県労働相談センター	あっせん	センター職員（東京都労働相談情報センターの場合）			
民間	弁護士会、社会保険労務士会等	あっせん、調停、仲裁	あっせん委員（弁護士、社会保険労務士など）	なし （仲裁はあり）		公務員の任用上の問題（行政事件）は対象としない （裁判外紛争解決手続の利用の促進に関する法律第１条）
裁判所		労働審判	労働審判委員会（労働審判官１名、労働審判員２名の計３名）	あり	正当な理由が必要	公務員の任用上の問題（行政事件）は対象としない （労働審判法第１条）
		裁判手続き ※２	裁判官	あり	主張なき不出頭は原告主張が認められる	不利益処分に対する訴えは審査請求後に提起

※１　労働局では、ほかに労働総合相談コーナー、労働局長による指導・助言がある。
※２　通常の裁判のほか、民事調停、少額訴訟などの方法もある。
（厚生労働省　「各個別労働紛争解決制度の特徴」、中央労働委員会ホームページ「個別労働紛争のあっせん」を参考に作成）

(2) 地方公務員の個別労働紛争を解決する仕組み

①　勤務条件に関する措置の要求（地公法第46条～第48条）

(ア) 概要

職員は、給与、勤務時間その他の勤務条件に関し、人事委員会又は公平委員会（以下、人事委員会等）に対し、適当な措置が執られるよう要求することができます。この要求を受けた人事委員会等は、事案について審査・判定し、その結果に基いて、権限に属する事項は自ら実行し、その他の事項は権限ある機関に対し必要な勧告を行わなければなりません。

(イ) 請求の対象

措置要求の請求対象は、職員の勤務条件に関するもので、当該自治体の権限に属するものです。例えば、時間外勤務の割増賃金の未払いなどの給与・勤務時間等に関する事項に加え、休日、休暇に関する事項、執務環境に関する事項などが対象となります。

(ウ) 措置要求ができる職員

措置要求ができる者は「職員」です。職員でない者、退職した者は措置要求することはできません。また、措置要求は共同でも行うことができ、代理権が与えられた者でも行うことができます。ただし、職員団体は職員個人ではないため、措置要求を行うことはできません。措置要求ができる職員は図表18のとおりです。

図表18　措置要求ができる職員

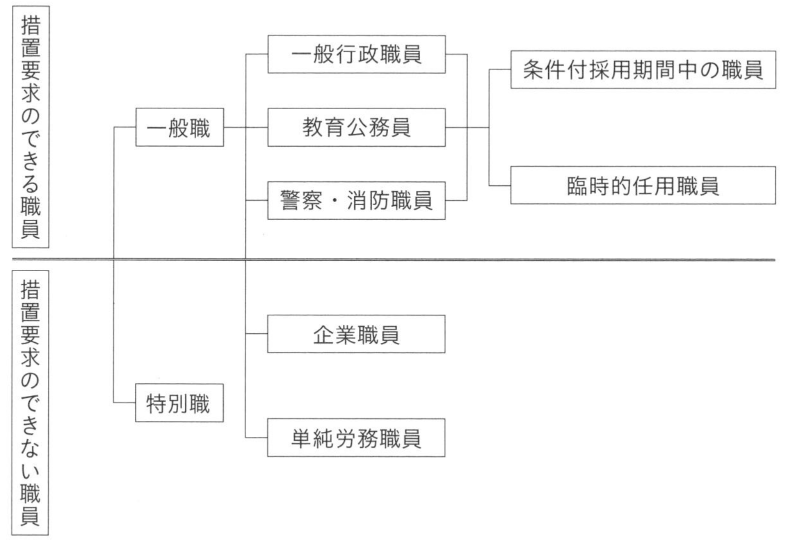

(出典：東京都市町村公平委員会ホームページ【勤務条件の措置要求制度】「2　措置要求のできる職員」より、一部改変)

②　不利益処分に関する審査請求（地公法第49条の２～第51条の２）

(ア) 概要

職員は、任命権者から懲戒その他その意に反する不利益な処分を受けた場合には、人事委員会等に対して審査請求をすることができます。

人事委員会等は、その事案について審査し、その結果に基づいて、その処分を承認し、修正し、又は取り消します。また、必要に応じてその不当な取扱いを是正するための指示をします。

(イ) 請求対象

審査請求の対象となる「懲戒その他その意に反すると認める不利益な処分」には、懲戒処分（免職、停職、減給、戒告）や分限処分（免職、降任、降給、休職）があります。

任命権者は、職員に対しその意に反すると認める不利益な処分を行う場合には、その職員に対し処分の事由を記載した説明書を交付しなければなりません。また、職員は、その意に反して不利益な処分を受けたと思うときは、任命権者に処分の事由を記載した説明書の交付を請求することができ、請求を受けた任命権者は15日以内に説明書を交付しなければなりません。

(ウ) 審査請求できる職員

審査請求できる職員は、不利益処分を受けた職員です。分限免職や懲戒免職となった者は、請求時点ではすでに職員ではないこととなりますが、審査請求を行うことができます。また、職員の代理人による審査請求についても認められます。審査請求できる職員は図表19のとおりです。

図表19　審査請求ができる職員

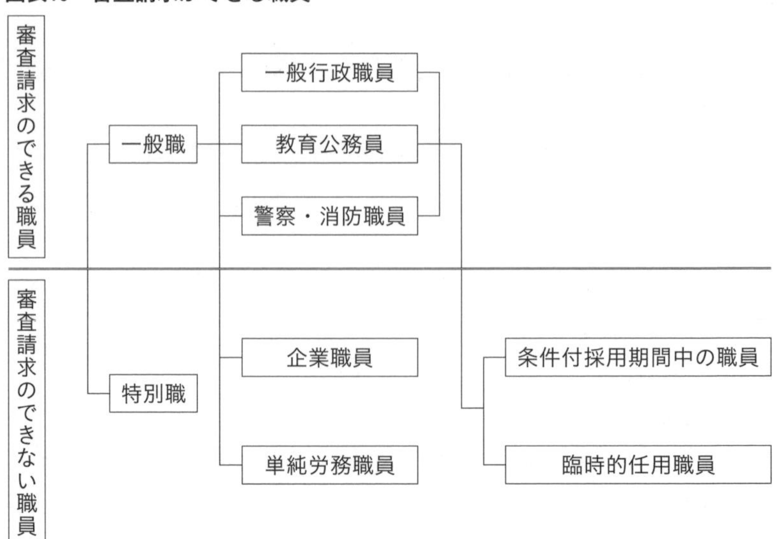

(出典：東京都市町村公平委員会ホームページ【不利益処分についての審査請求】「2　審査請求のできる職員」より、一部改変)

（エ）審査請求期間

不利益処分に関する審査請求は、処分があったことを知った日の翌日から起算して３月以内にしなければならず、処分があった日の翌日から起算して１年を経過したときは、請求することができません。

（オ）その他

人事委員会等は、審査請求内容を審査した後、処分の承認・修正・取消を行いますが、処分をより重く修正することはできません。また、処分の修正又は取消があった場合には、処分の行われた時点に遡って処分内容が修正又は取り消されます。この場合、人事委員会等の採決に対して訴えの提起はできません。

また、不利益処分の取消を求める訴訟は、人事委員会等への審査請求後でなければ、取消の訴えを提起することはできません。

第３節　適切な人事行政の運営を確保する仕組み

自治法や地公法では、人事行政を含む行政活動に関して、市民や国といった様々な立場からの是正を求める仕組みを設け、適切な運営の確保を図っています。

Ⅰ　市民から是正を求める仕組み

（1）条例の制定・改廃の請求（自治法第74条）

選挙権を有する住民は、その総数の50分の１以上の連署をもって、自治体の長に対し、条例の制定又は改廃の請求をすることができます。職員の勤務条件に関する条例制定についても、この請求の対象となります。

（2）事務の監査の請求（自治法第75条）

選挙権を有する者は、その総数の50分の１以上の連署をもって、自治体の監査委員に対し、事務の執行に関し、監査の請求をすることができます。監査の対象は、広く自治体の事務の執行全般にわたるものであり、職員の勤務条件に関する事務の執行も対象となります。

（3）住民監査請求（自治法第242条）

自治体の住民は、自治体の長（委員会、委員も含む）や職員の違法又は不当な公金の支出等について、監査委員に監査を求め、行為の防止・是正・損害の補填をするために措置を講ずることを求めることができます。

請求を受けた監査委員は、請求に理由があると認めるときは、長等に対して期間を示して必要な措置を講ずべきことを勧告しなければなりません。そして勧告を受けた長等は必要な措置を講じなければなりません。

(4) 住民訴訟（自治法第242条の2）

住民監査請求の請求人が、監査請求の結果や勧告に関し、自治体が講じた措置に不服があるときは、住民訴訟を提起することができます。自治体と職員との勤務関係そのものは財政に係る行為ではありませんが、地公法、労働法令、その他条例に基づかない違法な事実による給与等の支給などは対象となります。

(5) 議会の調査権（自治法第100条第1項）

住民の代表で構成される議会では、勤務条件に係る条例等を審議することで、その適切な運用を確保する役割を担っています。また、議会は自治体の事務に関する調査を行い、選挙人その他の関係人の出頭及び証言並びに記録の提出を請求する権限を有しており、人事行政が適切に行われているかについてもその対象となります。

2 国からの是正を求める仕組み

(1) 協力及び技術的助言（地公法第59条）

地公法の所管官庁である総務省は、自治体の人事行政が地方公務員制度の原則に沿って運営されるように協力し、及び技術的助言をすることができます。

ここでいう「人事行政」とは、職員の採用から退職後の身分取扱いの一切に及ぶもので、例えば、地方公務員の任用、給与、勤務時間その他の勤務条件、職員団体などが挙げられます。また、対象となる自治体は、知事、市町村に限られず、警察や教育委員会、企業職員等にも及びます。

なお、「協力」とは総務省が自治体と対等の立場に立って援助を与えることであり、「技術的助言」とは総務省が専門的、客観的な立場で適時適切な指針を示すことであり、「通知」「条例規則の準則」「行政実例」などが挙げられます。

(2) 自治事務に係る是正の要求（自治法第245条の5）

人事行政は、自治体組織の内部管理の事務であり、自主性及び自立性を確保する必要性が高く、国の関与は最小限のものであることが原則です。しかし、明らかに法令違反の状態で看過できない状態となった場合には、国からの是正の要求が行われる可能性があります。

この是正の要求は、当該事務処理が（ア）法令の規定に違反していると認めるとき、又は、（イ）著しく適正を欠く場合であって、明らかに公益を害していると認めるときに行われます。

この要求は、都道府県の事務に対しては国が直接行い、市町村の事務に対しては、国の指示を受けて都道府県が行います。

この是正要求を受けた自治体は、違反の是正又は改善のための必要な措置を講じなければなりません。また、是正の要求に至らない場合でも、助言・勧告又は資料提出要求（自治法第245条の４）、是正の勧告（同第245条の６）が行われ、人事行政の運営状況を含む自治事務の執行について、国からの指導を受けることになります。

本章では、ここまで地方公務員制度の仕組み、地方公務員と民間労働者との身分取扱いの違い、適切な人事行政の運営を確保する仕組みについて解説してきました。

次章からは、職員の任用、管理、退職までの一連の人事管理の過程での留意事項を、地公法と労働法令の適用関係を中心に解説していきます。

第2章

募集・採用に関する事項

本章のポイント

▶ 募集に関する事項

平等取扱いの原則や成績主義などの地公法上のルールに加えて、年齢、性別、障害など、本人の能力にかかわらない事項による差別のない、公平な募集選考のルールや必要な公表事項についての労働法令の内容を解説します。

▶ 採用に関する事項

地方公務員の採用方式・内定・服務・条件付採用などの地公法上でのルールに加えて、労働条件の明示義務・禁止事項・収集する個人情報の取扱いなどの労働法令上の留意点について解説します。

第1節　募集に関する事項

Ⅰ　職員募集に関する地公法上のルール

(1) 平等取扱いの原則（地公法第13条）

①　平等取扱い原則の内容

採用にあたっては、全ての国民を平等に取り扱わなければならず、人種、信条、性別、社会的身分若しくは門地、政治意見等によって差別することはできません。

募集にあたって禁止される行為の具体例としては、応募要件に性別条件や居住要件を付すことなどが挙げられます。

②　外国人の任用

外国人の任用の制限について地公法上直接の禁止規定はありませんが、行政実例では、住民の権利義務を直接形成しその範囲を確定するなど、公権力の行使にあたる行為、重要な施策に関する決定やその施策に参画する「公権力行使職員」については、外国人の任用はできず、受験資格を認めることは適当ではないとされています（昭和48年５月28日自治公一第28号）。

(2) 成績主義の原則（地公法第15条）

①　成績主義の内容

地公法では、職員の任用は、受験成績、人事評価その他の能力の実証に基づいて行われることとされています。この規定は、優秀な人材を確保育成し能率的な行政運営を促進するとともに、公正な人事行政を確保することを目的に定められています。

この規定を受け、採用の方法として、人事委員会を置く自治体では競争試験を原則とし、採用試験ごとの合格者を記載した採用候補者名簿から採用することとしています（地公法第17条の２第１項本文、第21条）。

②　選考による採用

人事委員会を置かない自治体や人事委員会規則で定める場合には、選考による採用も行うことができるとされています（第17条の２第１項ただし書、第17条の２第２項）。

この選考での採用は、不特定多数の受験者による競争の結果に基づく順位付けを行わない点が競争試験と異なりますが、一定の基準をもって、採用しようとする職についての能力と適性を有するかを判断する点では、競争試験と異なるものではありません。

また、どのような場合に選考の方法を選択できるかについては、募集する職員の数、応募者の予想数等の自治体の実情に応じて判断されることとなりますが、原則である競争試験の例外であることから、採用方法を無制限に選考とすることは好ましくありません。

この点、国家公務員では、選考の方法とすることが可能な場合として、「採用試験を行っても十分な競争者が得られないことが予想される官職」「職務と責任の特殊性により職務の遂行能力について職員の順位判定が困難な官職」「特別の知識、技術等を必要とする官職で、採用試験によることが不適当であると認められる官職」などが定められています（人事院規則８－12第18条）。

（3）その他の地公法の規定

①　採用試験の公開平等（地公法第18条の２）

採用試験は不特定多数の者の中から職務に対する適性を有する者を選抜する方法であり、募集内容はすべての国民に公平に公開されなければなりません。

このため、採用試験の情報は、インターネットの利用、ハローワークへの求人申込み、広報誌、一般の新聞などを通じて広い範囲から人材を募集するよう努める必要があります。

②　受験阻害及び情報提供の禁止（地公法第18条の３）

採用試験を実施する人事委員会や試験を実施する部局に属する職員は、受験を阻害し、又は受験に不当な影響を与える目的をもって、特別若しくは秘密の情報を提供してはならないこととされています。

例えば、面接官の性格や傾向について受験者に情報を与えたりする等、他の受験者に比して有利不利な状態とすること、平等な条件を阻害することは、あってはなりません。

なお、不当な情報提供を受けた受験者が合格決定したのちに、不正な事実が発見されたときは、その合格は取り消されることとなります。

③　受験の資格要件（地公法第19条）

受験者に必要な資格は、職務の遂行上必要であって最少かつ適当な限度の客観性かつ画一的なものである必要があります。定められる資格としては、地方公務員の欠格条項（地公法第16条各号）や職務遂行上必要な資格（運転手採用の場合の運転免許、保健師採用の場合の保健師資格等）などが挙げられます。

一方、年齢、性別、出生地など平等取扱い原則に反する受験資格を設けることはできません。

2　地公法以外で定められている募集に関するルール

（1）年齢制限の禁止

①　概要

事業主は労働者の募集及び採用について、年齢にかかわりなく均等な機会を与えなければならないとされています（労働施策の総合的な推進並びに労働者の雇用の安定及び職業生活の充実等に関する法律（以下、労働施策総合推進法）第９条）。

地方公務員には、地公法第13条での平等取扱い原則が規定されており、この規定は適用されませんが（労働施策総合推進法第38条第２項）、適切な募集採用活動を確保していくため、法の趣旨に沿った運用が必要です。

②　具体的な内容

（ア）あらゆる募集の場面に適用

年齢制限の禁止は、事業主が直接採用募集を行う場合はもとより、公共職業安定所、民間の職業紹介事業者、求人広告を通じた募集・採用の場合も含まれます。また、正社員だけでなく、パート・アルバイト・労働者派遣など募集する雇用形態は問いません。

（イ）形式的に年齢制限を行わないだけでは不十分

例えば、求人票に「年齢不問」と形式的に表示するような対応では不十分で、年齢を理由に応募を断る、書類選考や面接で年齢を理由に採否を決定する、といったことは違反行為となります。また、年齢を理由とした求人条件の変更はできません。

（ウ）例外的に年齢制限を行うことができる事由

例外的に年齢制限を行うことができる事由は次のとおりです（労働施策総合推進法施行規則第１条の３第１項。厚生労働省・都道府県労働局「その募集・採用年齢にこだわっていませんか？－年齢にかかわりなく、均等な機会を－」７頁より）。

（ａ）　定年年齢を上限として、その上限年齢未満の労働者を期間の定めのない労働契約の対象として募集・採用する場合（第１号）
　※「定年がある場合」かつ「期間の定めのない労働契約である場合」に限る。

（ｂ）　労基法その他の法令の規定により年齢制限が設けられている場合（第２号）

（ｃ）　長期勤続によるキャリア形成を図る観点から、若年者等を期間の定めのない労働契約の対象として募集・採用する場合（第３号イ）

（ｄ）　技能・ノウハウの継承の観点から、特定の職種において労働

者数が相当程度少ない特定の年齢層に限定し、かつ、期間の定めのない労働契約の対象として募集・採用する場合（第３号ロ）

（e）　芸術・芸能の分野における表現の真実性などの要請がある場合（第３号ハ）

（f）　60歳以上の高年齢者または特定の年齢層の雇用を促進する施策（国の施策を活用しようとする場合に限る）の対象となる者に限定して募集・採用する場合（第３号ニ）

③　就職氷河期世代を対象とした採用募集

いわゆる「就職氷河期世代」は、概ね平成５年から平成16年に学校卒業期を迎えた世代を指します。この世代は、雇用環境の厳しい時期に就職活動を行った世代であり、希望する就職ができず現在もその意に反して不安定な仕事に就いていたり無業の状態にあったりするなど、様々な課題を抱えています。

これらの世代への支援は、「経済財政運営と改革の基本方針2019」において定められた「就職氷河期世代支援プログラム」により、令和２年度から令和４年度までの間、集中的に取組むこととされました。具体的には、労働施策総合対策推進法に基づく年齢制限禁止の例外事由として位置づけられた、ハローワークにおける就職氷河期世代を対象とした窓口設置などがあり、就職氷河期世代に限定した求人等による募集・採用が可能とされています。

公務員の採用でも、令和元年12月23日に就職氷河期世代支援の推進に関する関係府省会議において決定された「就職氷河期世代支援に関する行動計画2019」において、国家公務員及び地方公務員の中途採用の促進の方針が策定されており、今後、その取組みが拡大されることとなります。

具体的な取組みとしては、総務省より各自治体に通知された「地方公共団体における中途採用の取組の推進について」（令和元年12月26日総行公第98号）で次のとおり示されています。

（ア）採用試験の応募機会の拡大

・就職氷河期世代を対象とした採用の実施

・従前より実施している採用試験の受験資格の上限年齢の引き上げ

・経歴要件の緩和又は経歴不問の採用試験の実施

（イ）より受験しやすい採用試験

・より多くの者が応募・受験しやすい募集期間、受験日時の設定

・面接を中心とした人物重視の試験内容

（ウ）採用情報を含めた各種情報のアウトリーチの強化

・各メディアへの情報提供

・ハローワーク、就職支援を行う企業、就職氷河期世代支援のために構築される地域ごとのプラットフォーム等の積極的な連携・活用

（2）性別による差別の禁止

①　概要

事業主は、労働者の募集・採用において、性別にかかわりなく均等な機会を与えなければならないとされています（雇用の分野における男女の均等な機会及び待遇の確保等に関する法律（以下、男女雇用機会均等法）第５条)。この規定は、募集・採用の段階での男女の均等な機会を確保するために、労働者が性別により差別されずに、母性を尊重されながら能力を十分発揮することができる雇用環境を整備するために設けられている規定です。

地方公務員は地公法第13条で平等取扱い原則が規定されており、本規定は適用されませんが（男女雇用機会均等法第32条)、適切な募集・採用活動を確保していくために、法の趣旨に沿った運用が求められます。

②　禁止事項

具体的な禁止事項は、厚生労働省が例示しています（図表１)。

図表１　具体的な禁止事項

対象から男女のいずれかを排除すること	（排除していると認められる例） ①一定の職種（いわゆる「総合職」、「一般職」等を含む。）や一定の雇用形態（いわゆる「正社員」、「パートタイム労働者」等を含む。）について、募集又は採用の対象を男女のいずれかのみとすること。 ②募集又は採用に当たって、男女のいずれかを表す職種の名称を用い（対象を男女のいずれかのみとしないことが明らかである場合を除く。）、又は「男性歓迎」、「女性向きの職種」等の表示を行うこと。 ③男女をともに募集の対象としているにもかかわらず、応募の受付や採用の対象を男女のいずれかのみとすること。 ④派遣元事業主が、一定の職種について派遣労働者になろうとする者を登録させるに当たって、その対象を男女のいずれかのみとすること。
条件を男女で異なるものとすること	（異なるものとしていると認められる例） 募集又は採用に当たって、女性についてのみ、未婚者であること、子を有していないこと、自宅から通勤すること等を条件とし、又はこれらの条件を満たす者を優先すること。
採用選考において、能力及び資質の有無等を判断する場合に、その方法や基準について男女で異なる取扱いをすること	（異なる取扱いをしていると認められる例） ①募集又は採用に当たって実施する筆記試験や面接試験の合格基準を男女で異なるものとすること。 ②男女で異なる採用試験を実施すること。 ③男女のいずれかについてのみ、採用試験を実施すること。 ④採用面接に際して、結婚の予定の有無、子供が生まれた場合の継続就労の希望の有無等一定の事項について女性に対してのみ質問すること。
男女のいずれかを優先すること	（男女のいずれかを優先していると認められる例） ①採用選考に当たって、採用の基準を満たす者の中から男女のいずれかを優先して採用すること。 ②男女別の採用予定人数を設定し、これを明示して、募集すること。又は、設定した人数に従って採用すること。 ③男女のいずれかについて採用する最低の人数を設定して募集すること。 ④男性の選考を終了した後で女性を選考すること。

求人の内容の説明等募集又は採用に係る情報の提供について、男女で異なる取扱いをすること	（異なる取扱いをしていると認められる例） ①会社の概要等に関する資料を送付する対象を男女のいずれかのみとし、又は資料の内容、送付時期等を男女で異なるものとすること。 ②求人の内容等に関する説明会を実施するに当たって、その対象を男女のいずれかのみとし、又は説明会を実施する時期を男女で異なるものとすること。

（厚生労働省「男女雇用機会均等法のあらまし」令和元年７月作成、８頁をもとに作成）

(3) 労働者の募集を行う際の労働条件の明示

①　概要

職業安定法では、事業主が労働者の募集を行う場合には、求職者に対して従事すべき業務の内容、賃金、労働時間その他の労働条件を明示することが求められています（職業安定法第５条の３第１項）。

地方公務員の募集手続きは、地公法に基づく採用に係る規定が職業安定法の特別法として適用されるため、本規定は適用されないこととなりますが、適切な募集・採用活動の実施を確保していくために、法の趣旨に沿った運用が求められます。

②　具体的な明示内容

労働者の募集や求人申込みの際には、少なくとも以下の事項を明示しなければなりません（職業安定法施行規則第４条の２）。

（ア）労働者が従事すべき業務の内容に関する事項
（イ）労働契約の期間、試みの使用期間に関する事項
（ウ）就業の場所に関する事項
（エ）始業及び終業の時刻、所定労働時間を超える労働の有無、休憩時間及び休日に関する事項
（オ）賃金の額に関する事項
（カ）健康保険、厚生年金、労働者災害補償保険法及び雇用保険法に関する事項
（キ）労働者を雇用しようとする者の氏名又は名称に関する事項

（ク）労働者を派遣労働者として雇用しようとする旨

③　具体的な明示方法

労働条件の明示は、書面で行うほか、平成31年4月1日より「ファクシミリを利用してする送信の方法」「電子メール等の送信の方法」でも可能となりました。

労働条件を明示するにあたっては、職業安定法に基づく指針（平成11年労働省告示第141号）を遵守することが必要です。

主な遵守事項は以下のとおりです。

（ア）虚偽又は誇大な内容としてはならないこと。

（イ）試用期間中の労働条件が本採用後の労働条件と異なる場合は、試用期間中と本採用後のそれぞれの労働条件を明示しなければならないこと。

（ウ）労働条件の水準、範囲等を可能な限り限定するよう配慮すること。

（エ）明示する労働条件は、職場環境を含め可能な限り具体的かつ詳細にするよう配慮すること。

（厚生労働省資料「労働者を募集する企業の皆様へ～労働者の募集や求人申込みの制度が変わります～〈職業安定法の改正〉施行日：2018（平成30）年1月1日」より）

④　労働条件変更時の対応方法

募集する労働条件に変更がある場合、できるだけ速やかに変更内容について明示しなければなりません（職業安定法第5条の3第3項）。また、労働条件が変更される可能性がある場合はそのことも明示し、実際に変更された場合は速やかに知らせることが必要です。

なお、変更したことを知らせる場合には、当初の内容と変更後の内容を対比できる書面を作成する、変更事項に下線を引く・着色する・脚注を付ける、など求職者に変更された内容がわかりやすく伝わるような配慮が求められます。

このほか、労働条件変更の際は以下の点にも留意が必要です。

（ア）当初の明示内容を安易に変更してはならないこと。特に、学校卒業直後の採用見込者については、変更を行うことは不適切であること。

（イ）労働者が変更内容を認識した上で労働契約締結を決定できるよう、労働条件が確定した後には、可能な限り速やかに変更明示をすること。

（ウ）求職者から変更理由の質問をされた場合には、適切な説明を行うこと。

（エ）当初明示した労働条件を変更した場合は、必要に応じて、募集中の求人票や募集要項等についても、その内容を検証し、必要に応じ修正等を行うこと。

（前頁厚生労働省資料より）

（4）公正な採用選考

①　概要

厚生労働省では、採用選考の基本的な考え方として「応募者の基本的人権を尊重する」「応募者の適性・能力のみを基準として行う」を掲げ、事業主に対して周知啓発を図っています（厚生労働省ホームページ「公正な採用選考の基本」）。

これらの内容には法的な拘束力はありませんが、適切な募集・採用活動を確保していくために、法の趣旨に沿った運用が求められます。

②　具体的な内容

採用選考を公正に実施するための具体的な内容は、次のとおりです（前同ホームページ）。

（ア）家族状況や生活環境といった、応募者の適性・能力とは関係ない事柄で採否を決定しないこと。

（イ）応募者の適性・能力に関係のない事柄について、応募用紙に記入させたり、面接で質問したりしないこと。個人情報保護の観点からも、社会的差別の原因となるおそれのある個人情報などの収集は原則として認められない（図表２）。

（ウ）面接を行う場合には、職務遂行のために必要となる適性・能力を評価する観点から、適性と能力に関係のない事項を質問しないこと。また、応募者の基本的人権を尊重する姿勢、応募者の潜在的な可能性をみいだす姿勢で臨み、できるだけ客観的かつ公平な評価を行うこと。

（エ）障害者、難病のある者、LGBT 等性的マイノリティの者など特定の人を排除しないこと。

（オ）身元調査などの実施、合理的・客観的に必要性が認められない採用選考時の健康診断を実施しないこと。

図表２　収集把握することが不適切である事項

本人に責任のない事項	・本籍 ・出生地 ・家族（職業、続柄、健康、病歴、地位、学歴、収入、資産、家族の仕事の有無・職種・勤務先など、家族構成） ・住宅状況（間取り、部屋数、住宅の種類、近郊の施設など） ・生活環境、家庭環境など
本来自由であるべき事項	・宗教に関すること ・支持政党に関すること ・人生観、生活信条に関すること ・尊敬する人物に関すること ・思想に関すること ・労働組合に関する情報（加入状況や活動歴など）、学生運動など社会運動に関すること ・購読新聞・雑誌・愛読書などに関すること

（厚生労働省ホームページ「公正な採用選考の基本」（３）採用選考時に配慮すべき事項をもとに作成）

（5）募集・採用における障害者への差別禁止と合理的配慮の提供

①　障害者の採用に関する仕組み

障害者が持てる能力を有効に発揮して、職業生活での自立を促進していくために障害者雇用対策が進められており、平成30年度の民間企業の障害者雇用は、雇用者数53.5万人、実雇用率2.05％と過去最高を更新しています。

具体的な障害者雇用対策としては、障害者の雇用の促進等に関する法律（以下、障害者雇用促進法）における障害者雇用率制度があり、一定規模以上の企業に対し、一定割合以上（平成30年４月１日時点、2.2％）の障害者を雇用することが義務付けられています（障害者雇用促進法第43条第１項）。また、基準未達成の企業からの納付金徴収や、基準達成企業に対する調整金支払いの仕組みにより実効性を確保しています（障害者雇用納付金制度）。

②　公務部門における障害者雇用の状況

障害者雇用率制度は、国や自治体の公務部門にも適用され、民間企業よりも高い雇用率の達成が求められています。しかし、公務部門における障害者雇用は、多くの機関で対象障害者の不適切な計上があり、法定雇用率が未達成であることが調査結果から明らかとなっています（図表３）。

図表３　公務部門における障害者の任免状況（再点検結果）

（再点検前→再点検後）

（H29. 6. 1時点）	実雇用率	不足数
国	2. 50％→1. 17％	2. 0人→3, 814. 5人
地方公共団体	2. 40％→2. 16％	677. 0人→4, 734. 0人

※法定雇用率2.3％（都道府県等の教育委員会2.2％）

（出典：「障害者雇用をめぐる現状・課題と対応（改正法の概要）」第87回労働政策審議会障害者雇用分科会、令和元年８月７日、資料1-1、２頁、一部改変）

このような事態を受けて、平成30年10月に「公務部門における障害者雇用に関する基本方針」が策定され、次の（ア）から（エ）に掲げる取組みを進めていくことになっています。

（ア）今般の事態の検証とチェック機能の強化

（イ）法定雇用率の速やかな達成に向けた計画的な取組み

（ウ）国・地方公共団体における障害者の活躍の場の拡大

（エ）公務員の任用面の対応等の取組み

そして、平成30年12月には、国家公務員における障害者雇用の推進に関して図表4に掲げる通知が出されており、自治体でもこれらの通知を踏まえた対応が必要となります。

図表4　公務部門における障害者雇用の推進に関する通知一覧

通知名	主な内容
障害者の採用に係る募集及び採用の方法等に関する基本的な考え方等について（平成30年12月21日人企－1425・人事院）	（ア）募集について ○能力適性に関係のない事項を応募資格とすることは不適切 ○能力適正の有無の判断は、採用後の提供可能な配慮を個別に検討の上、行うこと ○採用に関する手続きで希望する配慮を申し出ること等を周知すること （イ）採用の方法等について ○障害の内容・程度に応じた能力の発揮が可能な具体的な職域、職種、業務等を把握する必要があること。 ○障害の特性に配慮した必要な措置を講ずる必要があること（面接等における就労支援機関の職員等の同席などは可）
障害者を対象としたプレ雇用に当たっての留意事項について（平成30年12月21日閣人人第883号・内閣人事局）	常勤職員として採用内定した障害者について、本人の希望に応じ、採用前に非常勤職員として勤務できる「プレ雇用」の実施にあたっての留意事項 （ア）本人の希望があればプレ雇用を実施すること （イ）勤務条件等の内容の適切かつ明確な説明の上、本人の希望を確認すること （ウ）プレ雇用の業務内容は、採用後の職務に類似したものとし、実施する場所は同一であるよう配慮に努めること （エ）プレ雇用の実施中には十分なコミュニケーションを確保すること （オ）内定日から採用日まで日数が限られている場合等、

	プレ雇用が困難なときは、本人の希望により職場見学や職場実習など円滑に業務開始ができる取組みを行うよう努めること。 (カ) プレ雇用中の勤務実績により内定取消等の不利益な取扱いを行わないこと。
障害者を対象としたステップアップの枠組みについて（平成30年12月21日閣人人第887号、人企－1426・内閣人事局、人事院）	(ア) ステップアップの枠組み 障害者である非常勤職員が、常勤職員としての勤務を希望する場合に、職務能力や勤務環境への適応状況を考慮した任用となるよう選考において配慮した枠組みを設ける (イ) 具体的な方法 ○各府省等内に限って公募することができること ○選考時には、筆記試験等のほか、採用予定の常勤官職に必要とされる技能の確認を行うことも可能であること (ウ) その他 ○対象者は身体障害者手帳等により障害を有することが確認された者とする ○業務内容や業務量、勤務時間等の設定を柔軟に見直す等の配慮に努めること ○任用にあたっては、公正性を確認する観点から人事院と事前相談を行う
障害者を非常勤職員として任用する際の制度運用について（平成30年12月21日人企－1427、閣人人第882号・人事院、内閣人事局）	(ア) 職務内容の設定等 障害の特性等に応じた勤務ができるよう適切かつ柔軟に設定・変更すること。 (イ) 採用、任期の更新 任期満了後も引き続き勤務することを希望する障害者について ○連続２回公募によらず採用するよう努めること ○従前の勤務実績を適切に考慮すること (ウ) 期間業務職員への転任等 短時間非常勤職員として採用された障害者が期間業務職員を希望した場合は、障害の特性等を考慮し、任用することが適当と判断したときは、適当な官職に転任等させるよう努めること (エ) 常勤官職として任用される機会の情報提供

（各通知をもとに作成）

③　障害者雇用促進法の改正

公務部門における障害者の雇用促進や雇用状況について的確な把握等に関する措置を講ずることを目的として、障害者雇用促進法が改正されました（令和元年６月14日公布）。改正内容である事項の多くが国・自治体に新たな措置を求めるものであり、これらを踏まえた対応が必要です（図表５）。

図表５　障害者雇用促進法の改正事項・施行日

項　目	施行日
1　障害者の活躍の場の拡大に関する措置	
(1)国及び地方公共団体に対する措置	
①自ら率先した障害者雇用を努めることを国及び地方公共団体の責務とする	令和元年６月14日
② (ア) 厚生労働大臣による障害者活躍推進計画作成指針の作成・公表 (イ) 国及び地方公共団体による障害者活躍推進計画の作成・公表	令和２年４月１日
③国及び地方公共団体に障害者雇用推進者及び障害者職業生活相談員の選任を義務化	令和元年９月６日
④国及び地方公共団体の障害者の任免状況の公表	
⑤国及び地方公共団体が障害者である職員を免職する場合の公共職業安定所長への届出義務化	
(2)民間の事業主に対する措置	
①週所定労働時間が一定の範囲内にある短時間労働者を雇用する事業主に特例給付金を支給する仕組みの創設	令和２年４月１日
②障害者の雇用の促進等に関する取組みが基準に適合する中小事業主の認定	
2　国及び地方公共団体における障害者の雇用状況についての的確な把握等に関する措置	
(1)厚生労働大臣又は公共職業安定所長による国及び地方公共団体に対する報告徴収の規定	令和元年６月14日
(2)国及び地方公共団体並びに民間の事業主の、障害者の確認に関する書類の保存義務	令和元年９月６日
(3) ・障害者雇用率の算定対象となる障害者であるかどうかの確認方法の明確化 ・厚生労働大臣による国及び地方公共団体に対する勧告	

（出典：「障害者の雇用の促進等に関する法律の一部を改正する法律（令和元年法律第36号）の概要」第87回労働政策審議会障害者雇用分科会、令和元年８月７日、資料１－１、１頁をもとに作成）

④　募集採用における障害者への差別禁止

事業主は労働者の募集及び採用において、障害者に対して、障害者でない者と均等な機会を与えなければなりません（障害者雇用促進法第34条）。

具体的な禁止事項は、次のとおりです（障害者差別禁止指針（平成27年厚生労働省告示第116号）。

（ア）障害者であることを理由として、障害者を募集又は採用の対象から排除すること

（イ）募集又は採用に当たって、障害者に対してのみ不利な条件を付すこと

（ウ）採用の基準を満たす者の中から障害者でない者を優先して採用すること

また、これまで自治体の職員採用試験において、特定の障害種別に応募者を限定して職員の募集・採用が行われている事例がみられていました。これについて、総務省は「地方公共団体における障害者の募集・採用について」（平成30年12月28日事務連絡）を発出し、本人の障害の特性に配慮した合理的配慮ができるかどうか、応募者と個別に話し合い検討することが適切で、応募自体を制限することは障害者雇用促進法の趣旨に反するものであるとし、一層の配慮を求めています。

⑤　募集採用における障害者への合理的配慮

障害者から必要な配慮の申し出等を受けた場合は、合理的な配慮の提供が義務付けられており、事業主は、これらの措置を過重な負担にならない範囲で提供することとされています（障害者雇用促進法第36条の２）。

この合理的配慮に関して、国家公務員の取扱いでは、人事院から「職員の募集及び採用時並びに採用後において障害者に対して各省各庁の長が講ずべき措置に関する指針について」（平成30年12月27日）が通知され、（ア）目的、（イ）基本的な考え方、（ウ）合理的配慮の手続、（エ）合理的配慮の内容、（オ）過重な負担、（カ）相談体制の整備等、を定め

た上で、障害区分・場面に応じた事例が示されています（図表６）。

図表６　募集及び採用時並びに採用後に障害者に対し講ずべき措置の一例

障害区分	場　面	事　例
視覚障害	募集及び採用時	○募集内容について、音声等で提供すること。 ○試験について、点字や音声等による実施や、試験時間の延長を行うこと。
	採用後	○業務指導や相談に関し、担当者を定めること。 ○拡大文字、音声ソフト等の活用により業務が遂行できるようにすること。 ○出退勤時刻・休暇・休憩に関し、通院・体調に配慮すること。 ○職場内の机等の配置、危険箇所を事前に確認すること。 ○移動の支障となる物を通路に置かない、机の配置や打合せ場所を工夫する等により職場内での移動の負担を軽減すること。 ○本人のプライバシーに配慮した上で、他の職員に対し、障害の内容や必要な配慮等を説明すること。

（出典：前頁平成30年12月27日付通知別表。このほか、聴覚・言語障害、肢体不自由、内部障害、知的障害、精神障害、発達障害、難病に起因する障害、高次脳機能障害についても、それぞれ規定）

また、平成31年３月には厚生労働省から「公的機関における障害者への合理的配慮事例集（第３版）」が示されており、これらの内容を踏まえた対応が必要です（厚生労働省ホームページの「障害者雇用対策」に掲載）。

(6) その他の募集時において必要な公表・情報の提供事項

①　女性の職業生活での活躍に関する情報

女性の職業生活における活躍の推進に関する法律（以下、女性活躍推進法）は、女性の職業生活における活躍をさらに推進するための法律で、平成28年４月から施行されています。

この法律では、常時雇用する労働者が301人以上の事業主について、女性の活躍のための課題解決に関する取組みを示した一般事業主行動計画の策定・届出義務、自社の女性活躍に関する情報公表義務が規定されています（女性活躍推進法第８条及び第16条）。なお、これらの義務については、法政正により令和４年４月１日から101人以上の事業主にまで対象が拡大されます。

女性活躍に関する情報の公表についても現行法上、以下の（ア）及び（イ）の14項目のうち、任意の１項目以上を公表することが求められていましたが、法改正により（ア）及び（イ）それぞれの区分ごとに１項目以上の公表が必要となりました（令和２年６月１日施行）。これらの情報は、求職者の職業選択に活用されるよう、定期的に公表することが事業主に求められています。

（ア）職業生活に関する機会の提供に関する実績

・採用した労働者に占める女性労働者の割合
・男女別の採用における競争倍率
・労働者に占める女性労働者の割合
・管理職に占める女性労働者の割合
・係長級にある者に占める女性労働者の割合
・役員に占める女性の割合
・男女別の職種又は雇用形態の転換の実績
・男女別の再雇用又は中途採用の実績

（イ）職業生活と家庭生活との両立に資する雇用環境の整備に関する実績

・男女の平均継続勤務年数の差異
・10事業年度前及びその前後の事業年度に採用された労働者の男女別の継続雇用割合
・男女別の育児休業取得率
・一月当たりの労働者の平均残業時間
・雇用管理区分ごとの労働者の一月当たりの平均残業時間

・有給休暇取得率

（出典：厚生労働省雇用環境・均等局「女性活躍の推進に関する参考資料」令和元年９月４日、２頁）

②　若者の雇用の促進に関する情報提供義務

青少年に関して、適切な職業選択支援措置及び職業能力の開発・向上に関する措置を総合的に実施するための法律として、青少年の雇用の促進等に関する法律（以下、若者雇用促進法）が平成27年10月１日から順次施行されています。

事業主は、募集対象が学校卒業見込者等である場合、求職者に対してホームページでの公表、会社説明会での説明、求人票への記載などにより、職場情報の提供を行うことが努力義務となっています。

情報提供項目は、「募集・採用に関する情報」「職業能力の開発・向上に関する情報」「職場への定着の促進に関する取組の実施状況」に関することです。これらの情報提供は、求職者から求めがあった場合は必ず提供しなければなりません。

この規定は地方公務員に適用され、自治体での募集・採用活動においても、適切な対応が求められます。留意する具体的な内容として「青少年の雇用機会の確保及び職場への定着に関して事業主、特定地方公共団体、職業紹介事業者等その他の関係者が適切に対処するための指針」（平成27年厚生労働省告示第406号）が定められています。

第2節　採用に関する事項

1　地方公務員の採用に関するルール

（1）採用の効力発生の時期

自治体では、辞令を交付することにより採用を発令しています。国家公務員の発令事務上の取扱いでは、職員の採用、昇任、転任及び辞職承認等の任用行為は、特に任命権者が発令したときに効力が発生する「発令主義」が採用されています（人事院規則８－12運用通知第53条関係及び第54条関係）。

ここでいう「発令したとき」とは、任命権者が外部にその意思を表明した時をいい、「外部に意思を表明」とは、職員本人に通知する場合だけでなく、本人の所属部局の長など、任命権者以外の者に表示することを指すとされています（昭和34年12月19日任企939号）。

（2）内定

①　内定とは

一般的に、内定とは、企業が学校卒業予定者等からの求人応募者を選考し、採用を予定又は決定した者で、採用日が到来していない状態をさします。民間企業の場合、内定式の実施や入社誓約書の受領など、使用者が労働者として採用することを明確に意思表示したと認められれば、採用日が到来することを条件とし、内定から採用までの間は内定取消事由に基づく解約権が行使されるという始期付解約権留保付労働契約が成立したと解されています。

既に労働契約が締結されていることから、内定を取消す場合は解雇にあたるとされますので、内定を取消す場合は、客観的に合理的な理由を欠き、社会通念上相当と認められる必要があります（労働契約法第16条)。

内定取消が正当と認められる理由としては、（ア）応募要件に達しない場合（留年、免許資格の未取得)、（イ）著しい健康異常の発生、（ウ）その他の不適格事由（犯罪行為による逮捕・起訴等）が挙げられます。

なお、職業安定法では、事業主に対し内定の取消や内定期間を延長する場合に公共職業安定所長及び学校長への通知義務が課されており、内定の取消の内容が所定事項に該当するときには、当該企業名が公表されることとされています（職業安定法第54条、同法施行規則第17条の４、第35条第２項)。

②　地方公務員の内定の取扱い

自治体でも民間企業と同様に採用予定者に対し内定通知を行っていますが、地方公務員の採用は相手方の同意が必要な行政行為であり、内定は「採用発令の手続きを支障なく行うための事実上の準備行為」とされ、職員としての地位を取得させるものではありません（「採用内定取消処分取消等請求上告事件」昭和57年５月27日最高裁判決)。

このため、内定者に対し内定の取消を行った場合でも、民間企業のような採用の義務を負うことはありません。ただし、正当な理由なく採用内定を取り消した場合には、他の就職活動の機会損失などで生じた損害について賠償責任を負ったり、職業安定法の規定による事実公表の対象となる可能性があります。

(3) 欠格条項

地公法では、職員となることのできない欠格条項を規定しています（図表７)。これらに該当する者が採用された場合は、当該採用は無効となり、採用者は失職することになります（第16条各号、第28条第４項)。

図表７　欠格条項

第１号　禁錮以上の刑に処せられ、その執行を終わるまで又はその執行を受けることがなくなるまでの者
第２号　当該地方公共団体において懲戒免職の処分を受け、当該処分の日から２年を経過しない者
第３号　人事委員会又は公平委員会の委員の職にあって（地公法に）規定する罪を犯し、刑に処せられた者
第４号　政府を暴力で破壊することを主張する政党その他の団体を結成し、又はこれに加入した者

※　従来欠格事由に定められていた成年被後見人等は、心身の故障等の状況を個別的、実質的に審査し、必要な能力の有無を判断する個別審査とする趣旨で制定された「成年被後見人等の権利の制限に係る措置の適正化等を図るための関係法律の整備に関する法律」の公布により、地公法が改正され、欠格条項から削除されています（令和元年12月14日施行）。

（第16条各号をもとに作成）

（4）地方公務員の服務

地公法では「職員は、条例の定めるところにより、服務の宣誓をしなければならない」と規定され、地方公務員はこの服務の宣誓により、全体の奉仕者として、誠実で公正に職務を遂行することを宣言することになります（第31条）。

また、地方公務員は、民間労働者と異なる服務に関する規定があり（図表８）、これらの規定に違反した場合、懲戒処分や刑事罰の対象となる可能性もあります。したがって、これらの服務に関する規定については、採用時又は採用後の新人研修等でのきめ細やかな説明が求められます。

図表８　地方公務員の服務

項　目	条　文	内　容
服務の根本基準	第30条	すべて職員は、全体の奉仕者として公共の利益のために勤務し、且つ、職務の遂行に当たっては、全力を挙げてこれに専念しなければならない。
服務の宣誓	第31条	職員は、条例の定めるところにより、服務の宣誓をしなければならない。
法令等及び上司の職務上の命令に従う義務	第32条	職員は、その職務を遂行するに当たって、法令、条例、地方公共団体の定める規則等に従うとともに、上司の職務命令に忠実に従わなければならない。
信用失墜行為の禁止	第33条	職員は、その職の信用を傷つけ、又は職員の職全体の不名誉となるような行為をしてはならない。
秘密を守る義務	第34条	職員は、職務上知り得た秘密を漏らしてはならない。その職を退いた後においても同様である。
職務に専念する義務	第35条	職員は、法律又は条例に特別の定めがある場合を除き、勤務時間及び職務上の注意力のすべてを職責遂行のために用い、当該地方公共団体がなすべき責を有する職務にのみ従事しなければならない。
政治的行為の制限	第36条	職員は、政党その他の政治的団体の結成に関与し、若しくはこれらの団体の役員となってはならず、特定の政治目的を持って一定の政治的行為をすることが禁止されている。
争議行為等の禁止	第37条	職員は、ストライキ、怠業その他の争議行為をすることや、地方公共団体の機関の活動能率を低下させる怠業的行為をすることが禁止されている。
営利企業への従事等の制限	第38条	職員は、任命権者の許可を受けなければ、営利企業を営むことを目的とする会社その他団体の役員等の地位を兼ねること、自ら営利企業を営むこと、報酬を得て事業若しくは事務に従事することはできない。

（条文の内容をもとに作成）

(5) 条件付採用

①　条件付採用の目的と内容

地公法では、職員の採用は原則としてすべて条件付のものとされ、当該期間中に一定の日数の勤務を重ね、かつ職務を良好な成績で遂行したとき、正式採用になるものと定められています（第22条第1項）。

職員の採用は、成績主義に基づいて、競争試験又は選考によって行われますが、短期間の競争試験や選考だけでは、地方公務員として能力の実証が十分でないため、このような取扱いとなっています。

(ア) 期間（第1項）

採用の日から起算して6か月（1回延長可、最大1年）。

※教諭等は1年間（教育公務員特例法第第12条）

会計年度任用職員は1か月（平成29年改正の地公法（以下、改正地公法）第22の2第7項）

(イ) 期間延長の事由

人事委員会規則等で定めるところにより、条件付採用期間を延長することができます（改正地公法第22条第1項）。

なお、国家公務員は、延長事由に該当するのは採用後6月間において実際に勤務した日数が90日に満たない職員とされ、勤務日数が90日に達するまで引き続くものとされています（人事院規則8－12第34条）。

(ウ) 特別評価

国家公務員の条件付採用の取扱いでは、条件付採用期間中の職員には、当該期間を評価期間として特別評価が実施されます。特別評価の評語は「正式なものとするか・否か」の2段階とされています（人事評価の基準、方法等に関する政令第15条、第16条）。

地公法には特別評価について規定はありませんが、能力の実証のために、国家公務員の取扱いに準じて、条件付採用から正式採用する場合には、特別評価を実施する必要があります。

（エ）身分保障

条件付採用期間中の職員には、職員の身分保障である分限の規定や不利益処分に関する審査請求等の規定が適用されません（地公法第29条の２第１項）。

（オ）能力実証ができない場合

条件付採用期間中に勤務成績が良好でなく、地方公務員としての能力実証ができない場合は、期間満了までに免職することとなります。

国家公務員の取扱いでは、以下の場合が該当するとされています（人事院規則11－４第10条）。

（ａ）特別評価等の勤務実績がよくない場合

（ｂ）心身の故障

（ｃ）その他任用しておくことが適当でない場合

②　条件付採用期間中の者を免職する場合の労働法上の留意点

条件付採用期間中の職員を免職する場合の労働法上の留意点は次のとおりです。

（ア）制度内容の事前説明

使用者は、労働契約の締結の際には、解雇の事由等を書面等で明示しなければなりません。したがって、採用時に条件付採用制度の仕組みについて、十分な説明が必要です（労基法第15条）。

（イ）免職事由の判断根拠の明示

条件付採用期間中の免職にも、客観的に合理的な理由があり社会通念上相当とされるものである必要があります。

このことから、免職とする場合には、地方公務員としての能力の不足、心身の状況、その他の根拠事実を明確にしておくと同時に、「事前に適切な指導が行われ、指導を行ってもなお改善の見込みがない」という点を明確にしておく必要があります（地方公務員としての適格性が欠ける事実の定義については、第４章第１節４（３）の分限処分を参照）。

(ウ) 解雇制限期間との関係

労基法第19条では、解雇することができない解雇制限期間が規定されています。

１点目として、労働災害による休業期間中及び復帰後30日間には、解雇ができないこととされています。

２点目として、産前産後休業期間中の解雇が禁止されています。この場合、正式採用に至るまでに勤務日数が90日に満たずに妊娠した職員が、産前産後休暇及び育児休業を取得し条件付期間の上限期間である１年を経過してもなお勤務日数が90日に満たないケースが想定されます。このケースでは、育児休業、介護休業等育児又は家族介護を行う労働者の福祉に関する法律（以下、育児・介護休業法）や男女雇用機会均等法で、妊娠出産や育児休業取得を理由とした解雇などの不利益取扱いが禁止されていることから、「妊娠出産及び制度利用により勤務日数が不足した」という理由だけではなく、勤務期間の評価や業務への意欲等を確認した上で、正式採用の判断を行うことが法の趣旨に沿った対応です。

(エ) 解雇予告手当

条件付採用期間中である職員を免職しようとする場合、少なくとも30日前までにその予告をしなければならず、予告をしない場合には、その日数分の平均賃金を支払うことが必要です（労基法第20条、第21条）。

例えば、３月31日付で免職する場合、３月１日までに解雇予告が必要であり、例えば予告が３月30日となった場合は29日分の平均賃金を支払う必要があります。

なお、当該職員に支給する退職手当に解雇予告手当が含まれていることが退職手当条例上明確で、退職手当が解雇予告手当に満たない場合にその差額を退職手当として支給する規定がある、といった場合は、この限りではありません。

（オ）解雇予告除外に関する認定

労基法では、労働者の責に帰すべき事由に基づいて解雇する場合であって行政官庁の認定を得た場合、解雇予告を行わなくても解雇予告手当を支払う必要がなく、この規定は、地方公務員の条件付採用期間中の免職にも適用されます（労基法第20条第１項ただし書き及び第３項、昭和38年11月４日基収第6227号）。

なお、この場合の行政官庁の認定先は、人事委員会（人事委員会がない場合は長）となりますが、企業職員、単純労務職員及び労基法別表第１の第１号～第10号、第13号～第15号に掲げられる事業に属する職員の場合の認定先は労働基準監督署長となります。

2　地公法以外で定められている採用に関するルール

（1）労働条件の明示

使用者は、労働契約の締結に際し、労働者に対して賃金、労働時間その他の労働条件の明示が必要です。この規定は地方公務員にも適用があります（労基法第15条、同法施行規則第５条）。

明示方法としては、「当該労働者に適用する部分を明確にして就業規則を労働契約の締結の際に交付することとしても差し支えない」としています（平成11年１月29日基発第45号）。また、平成31年４月１日施行の働き方改革関連法による労基法施行規則の改正では、書面の提示の代わりに、ファクシミリや電子メール等の送信の方法でも可能とされています。

必ず明示しなければならない事項

１）労働契約の期間に関する事項（労基法施行規則第５条第１項第１号）

２）期間の定めのある労働契約を更新する場合の基準に関する事項（同第１号の２）

3）就業場所及び従事すべき業務に関する事項（同第1号の3）
4）始業及び終業の時刻、所定労働時間を超える労働の有無、休憩時間、休日、休暇並びに労働者を2組以上に分けて就業させる場合における就業時点転換に関する事項（同第2号）
5）賃金の決定、計算及び支払方法、賃金の締切り及び支払の時期、昇給に関する事項（同第3号）
6）退職に関する事項（解雇の事由を含む。）（同第4号）

定めをする場合の明示事項

7）退職手当の定めが適用される労働者の範囲、退職手当の決定、計算・支払い方法・支払いの時期に関する事項（労基法施行規則第5条第1項第4号の2）
8）臨時の賃金、賞与及びこれらに準ずる賃金、最低賃金額に関する事項（同第5号）
9）労働者に負担させるべき食費、作業用品、その他に関する事項（同第6号）
10）安全及び衛生に関する事項（同第7号）
11）職業訓練に関する事項（同第8号）
12）災害補償及び業務外の傷病扶助に関する事項（同第9号）
13）表彰及び制裁に関する事項（同第10号）
14）休職に関する事項（同第11号）

(2) 労基法上の禁止事項

労基法では、労働契約を締結する際に、契約事項に盛り込んではならない禁止事項があります。

①　賠償予定の禁止

労働者の労働契約の不履行（労働契約違反）について、違約金を支払わせたり、損害賠償額をあらかじめ決めておいたりすることは禁止されます（第16条)。例えば、「１年未満で退職したときは、ペナルティとして罰金10万円」「備品を壊したら１万円」などとあらかじめ決めておくことなどが該当します（厚生労働省ホームページ「人を雇うときのルール」１（２）［１]）。

この規定は、事前に賠償額を決めておくことを禁止するもので、故意や不注意により実際に損害が生じてしまった時に、当該労働者が損害賠償請求を免れるという性格のものではありません。

②　前借金相殺の禁止

労働することを条件として労働者にお金を前貸しし、賃金から強制的に返済させる相殺は禁止されています（労基法第17条)。

③　強制貯金の禁止

労働者に強制的に貯金をさせることは禁止されており、社員旅行費など福利厚生のためであっても、労働者に強制的に積み立てをさせることは、その理由に関係なく禁止されています（労基法第18条)。

ただし、会社に賃金の一部を委託することは、労働者の意思に基づき、書面による協定など一定の要件を満たすことで許容されています。

(3) 採用時に提出される書類の取扱い

①　提出書類と個人情報保護との関係

職員の採用にあたって収集する書類には、多くの個人情報が含まれています。そのため、取得・利用・保管・提供・開示等の各場面で、個人情報の保護に関する法律や行政機関の保有する個人情報の保護に関する法律（以下、個人情報保護法等）におけるルールに沿った対応が求められます。

なお、自治体には個人情報保護法等は適用されず、自治体ごとに、個人情報保護条例を定めることで、個人情報の取扱いのルールを定めています。

②　要配慮個人情報の取扱い

（ア）要配慮個人情報

採用の際に収集する個人情報には、通常の情報よりも慎重な取扱いを必要とする「要配慮個人情報」があります。この要配慮個人情報については、国の行政機関の個人情報の取扱いに係る法律である、行政機関の保有する個人情報の保護に関する法律の改正により、平成29年５月30日より、いわゆるセンシティブ情報である要配慮個人情報の定義づけがされており、自治体においても法改正を踏まえた個人情報保護条例の見直しが行われています。

要配慮個人情報

1）人種・信条・社会的身分・病歴・犯罪の経歴・犯罪により害を被った事実

2）その他本人に対する不当な差別、偏見その他の不利益が生じないようにその取扱いに特に配慮を要するもの

・身体障害、知的障害、精神障害（発達障害を含む）等があること

・健康診断その他の検査結果

・医師等による心身の状態の改善のための指導又は診療若しくは調剤が行われたこと

・本人を被疑者又は被告人とした刑事事件に関する手続きが行われたこと

・少年の保護事件に関する手続きが行われたこと

など

(イ) 採用時の要配慮個人情報に該当する事項の取扱い

(ａ) 障害者雇用に関する事項

障害者本人の意に反した情報の取扱いが行われないよう、プライバシーに配慮した障害者の把握・確認の在り方について、厚生労働省でガイドラインが策定されています（「プライバシーに配慮した障害者の把握・確認ガイドラインについて」平成17年11月４日職高発第1104005号）。

このガイドラインには、障害者であることの把握・確認方法、情報の処理・保管方法が示されているほか、各場面における禁忌事項が定められています。

把握・確認にあたっての禁忌事項

○利用目的の達成に必要のない情報の取得を行うこと
○労働者本人の意思に反して、障害者である旨の申告又は手帳の取得を強要すること
○障害者である旨の申告または手帳の取得を拒んだことにより、解雇その他の不利益な取扱いをすること
○正当な理由無く、特定の個人を名指しして情報収集の対象とすること
○産業医等医療関係者や企業において健康情報を取扱う者が、障害者雇用状況の報告、障害者雇用納付金の申告、障害者雇用調整金または報奨金の申請の担当者から、労働者の障害に関する問合わせを受けた場合に、本人の同意を得ずに、情報の提供を行うこと

（前出ガイドラインより、一部改変）

把握・確認した情報の処理・保管にあたっての禁忌事項

○本人の同意なく、利用目的の範囲を超えて情報を取扱うこと
○障害者である旨の申告を行ったことや、情報の開示・訂正・利用停止等を求めたことを理由として、解雇その他の不利益な取

扱いをすること

（前出ガイドラインより、一部改変）

（b）健康診断等に関する情報

労働安全衛生法により、事業主には労働者の健康確保措置や心身の状況の把握について、採用時や年１回の健康診断の実施等の措置が求められています。

これらの措置で入手する情報は要配慮個人情報に該当しており、「労働者の心身の状態に関する情報の適正な取扱いのために事業者が講ずべき措置に関する指針」（平成30年９月７日労公示第１号）に基づき適切に管理する必要があります。この指針では、情報の取扱いに関する規程作成を事業者に求めたうえで、規程に盛込む内容、策定の方法、運用などが定められています。

本章で解説してきた募集・採用に関するルールは、地方公務員への適用関係の違いはありますが、適切な人事行政の実現のために、常に念頭において運用することが求められます。地公法の規定に加え、これらのルールも逐一確認していく必要があります。

第3章

勤務時間制度、休日・休業・休暇に関する事項

本章のポイント

▶ 勤務条件に関する運用上の留意点

地方公務員の勤務時間、週休日、休日、休暇等の勤務条件は、地公法で国及び他の自治体の職員との間に権衡を失しないように、適当な考慮を払うこととされています（地公法第24条第４項）。

総務省より示されている「職員の勤務時間、休暇等に関する条例（案）」平成24年４月27日総行公第48号。以下、条例準則）、国家公務員の取扱いや労基法などの規定を元に、運用上での留意点を解説します。

▶ 働き方改革関連法による改正への対応

働き方改革関連法の施行により、時間外労働の上限時間の設定、年５日以上の年次有給休暇の時季指定、労働時間の客観的な把握など新たな規則が導入されました。各改正内容に関する地方公務員への適用関係、法律や国家公務員の取扱いを踏まえて、必要となる対応を解説します。

第1節 勤務時間制度の基礎知識

Ⅰ 勤務時間

（1） 1週間の勤務時間

①　原則

職員の勤務時間は４週間を超えない期間につき、１週間あたり38時間45分です（条例準則第２条第１項）。この取扱いは、国家公務員も同様で、人事院が調査した民間労働者との比較結果に基づき平成21年４月から実施されています。

また、育児短時間勤務職員、再任用短時間勤務職員、任期付短時間勤務職員（以下、短時間勤務職員）については、図表１に掲げる勤務時間を任命権者がそれぞれ定めます（条例準則第２条第２項、第３項、第４項）。

②　特例

職務の特殊性又はその事業所の特殊の必要により、１週間あたり38時間45分を超えて勤務することを必要とする場合、人事委員会の承認を得て、勤務時間を別に定めることができます（条例準則第２条第５項）。

図表１　短時間勤務職員の勤務時間

項目	制度概要	勤務時間
育児短時間勤務職員（地方公務員の育児休業等に関する法律（以下「地公育休法」第10条）	小学校就学前までの子を養育するための隔日勤務・半日勤務	・１日３時間55分（週19時間35分） ・１日４時間55分（週24時間35分） ・１日７時間45分（週３日） ・週２日７時間45分 週１日３時間55分 （週合計19時間25分）
再任用短時間勤務職員（地公法第28条の５第１項）	定年退職後の職員を再任用した場合の隔日勤務・半日勤務	１週間あたり15時間30分から31時間の範囲内で任命権者が定める時間
任期付短時間勤務職員（地公育休法第18条第１項、地方公共団体の一般職の任期付職員の採用に関する法律第５条）	育児短時間勤務職員の業務・一定期間に業務量の見込まれる業務等	１週間あたり31時間の範囲内で任命権者が定める

（橋本勇『新版　逐条地方公務員法　第４次改訂版』学陽書房、平成28年、535頁～541頁、小川友次・澤田千秋編著『地方公務員の〈新〉勤務時間・休日・休暇　第２次改訂版』学陽書房、平成29年、116頁～119頁を参考に作成）

（2）週休日及び勤務時間の割振り

①　原則

週休日とは、勤務時間が割り振られず、職員に勤務義務が課されない日をいい、原則として日曜日及び土曜日となります。また、短時間勤務職員には、日曜日及び土曜日に加え、月曜日から金曜日までの間の別の日に週休日を設けることができます（条例準則第３条第１項）。

なお、「勤務時間の割振り」とは、職員が具体的に勤務日のどの時間帯に勤務すべきかを定めることをいい、原則として、月曜日から金曜日までの５日間において、１日につき７時間45分割り振られます。

また、短時間勤務職員には、１週間ごとの期間について、１日につき７時間45分を超えない範囲内で勤務時間を割り振るものとされています

（条例準則第３条第２項）。

②　特例

公の施設等で閉庁日が不規則・不定期である場合、例えば病院や消防局などで勤務が２日にわたる場合など、特別の形態による勤務が必要となる職員については、週休日及び勤務時間の割振りを、別に定めることができます（条例準則第４条第１項、第２項）。

この場合、毎週少なくとも１回の休日を与えなければなりません（労基法第35条第１項）。なお、この週休日は１暦日（午前零時から午後12時まで）を指し、単に24時間の勤務間隔を空けることではありません。

ただし、８時間３交代連続作業と定まっている場合など、就業規則等の制度として交替が規則的に定められており、勤務割表等によりその都度設定するものでなければ、例外的に継続24時間を休日としても差し支えないともされています（昭和23年４月５日基発第535号、昭和63年３月14日基発第150号）。

その他、具体的な勤務時間の割振りについては、国家公務員における特別の形態によって勤務する必要のある職員についての基準が参考になります（人事院規則15―14第５条。図表２）。

図表２　週休日及び勤務時間の割振りの基準

（ａ）　週休日及び勤務時間の割振りを定める場合には、勤務日が引き続き12日を超えないようにし、かつ、１回の勤務に割り振られる勤務時間が16時間を超えないようにしなければならない。
（ｂ）　週休日及び勤務時間の割振りを定める場合には、次に掲げる基準に適合するように行わなければならない。 ○週休日が毎４週間につき４日以上となるようにし、かつ、当該期間につき一週間当たりの勤務時間が42時間を超えないこと。 ○勤務日が引き続き12日を超えないこと。 ○一回の勤務に割り振られる勤務時間が16時間を超えないこと。

（人事院規則15―14第５条をもとに作成）

(3) 週休日の振替

①　振替の方法・振替の可能な期間

週休日の振替とは、公務運営上の必要から週休日に特に勤務することを命ずる場合に、週休日と一定の期間内にある勤務日とを入れ替えることをいいます（条例準則第5条)。

振替を行う場合には、必ず事前に行うこと、振替の具体的理由を明らかにすること、振替えられるべき日は振替えられた日のできる限り近接している日が望ましいとされています（昭和63年3月14日基発第150号)。なお、振替可能な期間は人事委員会規則で定めますが、国家公務員における期間は振替後の勤務日の4週間前の日から8週間後の日までの期間とされています（人事院規則15−14第6条第1項）

②　時間外勤務手当の支給

振替により勤務日となった日の勤務については、時間外勤務手当の支給は不要です。ただし、振替によって週の勤務時間が法定労働時間（週40時間）を超える場合には、超えた時間について時間外勤務手当の支給が必要となります（昭和63年3月14日基発第150号。図表3・図表4)。

図表３　同一週内の勤務日と週休日を振り替える場合
→　７日の勤務について時間外勤務手当の支給は不要

（振替前）

日	月	火	水	木	金	土
1 週休	2 勤務	3 勤務	4 勤務	5 勤務	6 勤務	7 週休

（振替後）

日	月	火	水	木	金	土
1 週休	2 勤務	3 勤務	4 勤務	5 週休	6 勤務	7 勤務

図表４　他の週の勤務日と週休日を振り替える場合
時間外勤務手当の支給が必要
下図における７日について35％の時間外勤務手当が発生

（振替前）

日	月	火	水	木	金	土
1 週休	2 勤務	3 勤務	4 勤務	5 勤務	6 勤務	7 週休
8 週休	9 勤務	10 勤務	11 勤務	12 勤務	13 勤務	14 週休

（振替後）

日	月	火	水	木	金	土
1 週休	2 勤務	3 勤務	4 勤務	5 勤務	6 勤務	7 勤務
8 週休	9 勤務	10 勤務	11 勤務	12 週休	13 勤務	14 週休

(4) 変形労働時間制の仕組み

①　制度概要と地方公務員への適用関係

地方公営企業の電車やバスの運転手、交替制で勤務する病院看護師や消防職など、正規の勤務時間を一律に１日８時間、１週40時間以内で定めることが実情に合わない職務について活用されるのが、変形労働時間制です。

変形労働時間制とは、一定期間を平均した１週間あたりの労働時間が法定の労働時間(40時間)を超えない範囲内において、特定の日又は週に法定労働時間(40時間)を超えて労働させることができる制度で、１か月単位(労基法第32条の２)、１年単位(同法第32条の４)、１週間単位(同法第32条の５)、フレックスタイム制(同法第32条の３)があります。

なお、変形労働時間制度の地方公務員への適用関係は図表５のとおりです。

②　制度の運用方法

図表５に掲げる変形労働時間制のうち、一般の地方公務員に活用可能な１か月単位の変形労働時間についての運用方法は、次のとおりです。

(ア) 法定労働時間を超える勤務日・勤務時間の特定

１か月以内の一定期間を平均し、１週間あたりの勤務時間が40時間を超えないときは、１日８時間・１週間40時間の法定労働時間を超える勤務時間をあらかじめ特定し、定めることができます。

事前に詳細なスケジュールが定められない場合であっても、勤務の始業終業時刻、勤務の組み合わせの考え方、勤務表の作成手続き及びその周知方法を定め、その方法に従い作成された勤務割を、変形期間の開始前までに具体的に特定することでも足りるとされています（昭和63年３月14日基発第150号)。

具体的な例として、学校において予め立案した学校行事等の行事予定日又は週があげられています（昭和36年11月14日基収第4918号)。

図表５　変形労働時間制度の地方公務員への適用関係

平均する期間	適用範囲	必要な手続き
Ｉヶ月単位	全職員	○一般職員 条例・規則等又はこれに準じる規程により定める（※Ｉ） ○企業職員・単純労務職員 労使協定又は企業管理規程 ※行政官庁に提出する必要あり
Ｉ年単位	企業職員 単純労務職員 教職員（※２）	○企業職員・単純労務職員 労使協定又は企業管理規程 ※行政官庁に提出する必要あり ○教職員 条例により定める（※２）
Ｉ週間単位	企業職員 単純労務職員	○労使協定又は企業管理規程 ※行政官庁に提出する必要あり
フレックスタイム		○労使協定又は企業管理規程 ※行政官庁に提出する必要なし

※１　地公法第58条第４項による労基法第32条の２の読替、昭和36年11月14日基収発第4918号。
※２　令和３年４月１日より適用。地方公務員を労基法第32条の４を適用除外とした地公法第58条の、公立の義務教育諸学校等の教育職員の給与等に関する特別措置法第５条による読替。
（小川友次、澤田千秋編著『地方公務員の〈新〉勤務時間・休日・休暇　第２次改訂版』学陽書房、平成29年、126頁を参考に作成）

（イ）特定された日や週の時間外勤務について

特定された日や週に法定労働時間を超えて勤務した場合の時間外勤務と取り扱う時間は、次のとおりです。

- １日については、条例・規則等により８時間を超える時間を定めた日はその時間を、それ以外の日は８時間を超えて勤務した時間
- １週間については、条例・規則等により40時間を超える時間を定めた週はその時間を、それ以外の週は40時間を超えて勤務した時間（１日について時間外勤務とされた時間を除く）
- 変形期間全体については、「40（時間）×変形期間の暦日数／７」の式により計算される変形期間における法定労働時間の総枠（月31日では177.1時間、月30日では171.4時間、月29日では165.7時間、月28日では160時間）を超えて勤務した時間（１日、１週間で時間外勤務とされた時間を除く）

2 休憩時間

(1) 休憩時間

休憩時間とは、疲労を回復するために勤務時間の途中に置かれる、勤務義務のない時間です。休憩時間は勤務時間に含まれず、給与も支給されません。なお、単に作業に従事しない手待時間は休憩時間に含まれません（昭和22年９月13日発基第17号）。

(2) 休憩時間の長さ

休憩時間は、勤務時間が６時間を超える場合には少なくとも45分、８時間を超える場合は少なくとも１時間を与えなければなりません（労基法第34条）。

(3) 休憩時間の付与方法

①　勤務時間の途中に付与する

休憩時間は、割り振られた勤務時間の途中に与えられなくてはなりません（労基法第34条第１項、昭和26年10月23日基収第5058号）。なお、一昼夜交代制の職場で２日間に継続して割り振られた勤務時間で継続勤務する場合には、２日間の勤務時間の途中に１時間の休憩を与えればよいとされています（昭和23年５月10日基収第1582号）。

②　休憩時間中は自由に行動できる

休憩時間は勤務から完全に解放されることが必要です（労基法第34条第３項）。

ただし、事業場の規律保持上必要な制限を加えることは、休憩の目的を損なわない限り差し支えないとされています（昭和22年９月13日発基第17号）。例えば、休憩時間中の外出を許可制にする取扱いも、自由に休息できるのであれば必ずしも違法ではないとされています（昭和23年10月30日基発第1575号）。

なお、休憩時間の自由利用を適用することが困難である次に掲げる特殊な業種や業務については、自由利用の原則の例外とされています（労基法第40条、同法施行規則第33条第1項）。

（a）警察官、消防吏員、常勤の消防団員、准救急隊員及び児童自立支援施設に勤務する職員で児童と起居をともにする者

（b）乳児院、児童養護施設及び障害児入所施設に勤務する職員で児童と起居をともにする者

※（b）に掲げる労働者を使用する使用者は、その勤務の態様等について予め所轄労働基準監督署長の許可を受けなければならない（同法施行規則第33条第2項）。

③　一斉に付与する

休憩時間は事業場ごとに一斉に付与することが原則です（労基法第34条第2項）。一斉付与の例外としては、（ア）労基法第40条第1項により除外される業種であること、（イ）条例により休憩時間一斉付与の例外規定を制定すること、（ウ）労基法第34条第2項ただし書きによる労働組合等との協定により除外すること、の3種類があります。

（ア）労基法第40条第1項により除外される業種

一斉付与の原則の適用が除外される業種には、労基法別表第1における第4号（交通）、第8号（商業）、第9号（金融・広告）、第10号（映画・演劇）、第11号（通信）、第13号（保健・衛生）、第14号（娯楽・接客）及び労基法別表第1を除く官公署の事業が掲げられています（労基法施行規則第31条）。

（イ）条例による休憩時間一斉付与の例外規定の制定

地公法第58条第4項により労基法第34条第2項で必要とされる「労使協定」が、「条例に特別の定め」と読み替えられていることから、条例での特別な定めを受けて、休憩の一斉付与の例外として取り扱うことができます。

条例準則では、「職務の特殊性又は当該公署の特殊の必要がある場合において、人事委員会規則の定めるところにより、一斉に与えない

ことができる」とされています（条例準則第６条第３項）。

（ウ）労基法第34条第２項ただし書きによる労働組合等との協定による除外

企業職員・単純労務職員には、（イ）に記述した地公法第58条第４項が適用されません（地公法第57条）。このため、これらの職員について休憩の一斉適用を除外するには、労使協定を締結する必要があります。

上記（ア）から（ウ）の取扱いをまとめると、図表６のとおりとなります。

3　宿日直勤務

（1）宿日直勤務

宿日直勤務とは、正規の勤務時間以外の時間、休日等において行う庁舎保全、外部との連絡、文書の収受等のための勤務であり、比較的勤務密度の薄い、いわゆる断続的勤務をいいます。

宿日直勤務は勤務密度の薄い断続的勤務であることから、労基法の労働時間、休憩時間及び休日に関する規定が適用されず、法定の１週間の勤務時間を超える時間や法定休日に相当する週休日に勤務を命ずることができます。また、宿日直勤務の途中に休憩時間を付与する必要はありせん（条例準則第10条第１項）。

（2）宿日直勤務の許可

宿日直勤務は、労基法第41条第３号「監視又は断続的労働に従事する者」に該当し、宿日直勤務を命ずるには行政官庁の許可が必要となります。この行政官庁は、労基法別表第１の事業区分に応じて、人事委員会（人事委員会を置かない場合には市町村長）又は労働基準監督署長となります。

図表６　自治体における休憩の一斉適用除外に関する整理表

号	事業内容	自治体における事業所の例	一般職員	企業職員 単純労務職員
一	製造業	企業本庁、電気・ガス・水道の各事業場、自動車整備工場、印刷場	条例	労使協定
二	鉱業	砂利採取事業所	条例	労使協定
三	土木建築	土木事務所、空港建設事務、土地改良事務所、公園管理事務所	条例	労使協定
四	交通	交通事業の本局及び事業場	労基法による適用除外	
五	港湾	港湾管理事務所	条例	労使協定
六	農林	林業事務所、農業センター、植物園	条例	労使協定
七	牧畜水産	畜産センター、水産種苗センター、水族館	条例	労使協定
八	商業	駐車場、市場、物産館、野球場	労基法による適用除外	
九	金融広告	公益質屋、観光案内所	労基法による適用除外	
十	映画演劇	公営競技事務所	労基法による適用除外	
十一	通信	水産事務所無線局	労基法による適用除外	
十二	教育研究	幼稚園、学校、図書館、公民館、博物館、体育館など	条例	労使協定
十三	保健衛生	病院、保健所、保健センター、保育所など	労基法による適用除外	
十四	娯楽接客	国民宿舎、ユースホステル、保養所	労基法による適用除外	
十五	清掃と畜	清掃事業所、火葬所、し尿処理場、終末処理場	条例・規則	労使協定
上記以外	官公署の事業	本庁、支所、出張所、行政委員会など	労基法による適用除外	

※号別区分は一例であり労働基準局等との協議のうえで決定
（小川友次・澤田千秋編著『地方公務員の〈新〉勤務時間・休日・休暇　第２次改訂版』学陽書房、平成29年、40頁を参考に作成）

なお、宿日直の許可基準は、次のとおりです。

宿日直の許可基準の概要

（昭和22年９月13日発基第17号、昭和63年３月14日基発第150号）

１）原則として通常の労働の継続は許可しないこと

定時的巡視、緊急の文書又は電話の収受、非常事態に備えての待機等を目的とするものに限って許可するものであること。

２）宿直又は日直の勤務に対して相当の手当の支給がされること

宿日直勤務１回についての手当額は、同種の労働者に対して支払われている一人１日平均額の３分の１を下らないものであること。

３）宿日直勤務の回数（頻度）については、原則として宿直勤務については週１回、日直勤務については月１回を限度とすること。

４）宿直勤務については相当の睡眠設備の設置が、許可の条件であること。

勤務時間の管理方法と時間外勤務に関する手続き

Ⅰ 勤務時間の法規制の全体像

職員は割り振られた勤務時間で勤務することとなりますが、労働者に対する適切な給与支給や健康障害の防止の観点から、勤務時間に関する様々な法規制が設けられています（図表７）。また、これらの法規制は、働き方改革関連法により改正され、平成31年４月より順次施行されています。本節ではこれらの改正点と地方公務員への適用関係を中心に解説していきます。

図表７　勤務時間に関する法規制と地方公務員への適用

項　目	法　令	内　容	地方公務員への適用
法定労働時間	労基法第32条	１日　　８時間以内 １週間　40時間以内	適用
法定労働時間を超える勤務の手続き	労基法第36条	あらかじめ職員の過半数代表者又は労働組合との間で「時間外労働・休日労働に関する協定」を締結し、労働基準監督署に届け出	労基法別表第１の事業に従事する者のみ適用
時間外労働時間の上限		①限度時間 月45時間・年360時間 ②臨時的な特別の事情があって労使が合意する場合でも以下の時間は超えることはできない ・年720時間以内 ・複数月平均80時間以内（休日労働を含む） ・月100時間未満（休日労働を含む） ※月45時間を超えることができるのは、年間６か月まで	適用

		※工作物建設、自動車運転、医業等は５年間経過措置	
時間外労働に対する割増賃金	労基法第37条	①１日８時間超・週40時間超 ………25％以上 ②月60時間を超える時間外労働 ………50％以上 ③深夜労働（22時から５時） ………25％以上 ④法定休日労働 ………35％以上 ⑤時間外（①）＋深夜（③） ………50％以上 ⑥60時間超（②）＋深夜（③） ………75％以上 ⑦休日（④）＋深夜（③） ………60％以上	適用
勤務間インターバル制度	労働時間等の設定の改善に関する特別措置法第２条第１項	○労働時間の設定の改善を図るための措置についての努力義務 ①業務の繁閑に応じた始業及び終業の時刻の設定 ②健康及び福祉を確保するための終業から始業までの設定 ③年次有給休暇を取得しやすい環境の整備 ④その他の必要な措置	適用除外
長時間労働発生時の産業医への情報提供	労働安全衛生法第13条	事業者から産業医への時間外勤務80時間／月超の労働者の情報提供	適用
長時間労働発生時の医師による面接指導	労働安全衛生法第66条の８	週40時間を超えて労働させた時間(休日労働含む) ⇒　80時間超　かつ疲労蓄積が認められる者（100時間超から拡充）	

（『労働条件・職場環境に関するルール』厚生労働省ホームページ（https://www.mhlw.go.jp/seisakunitsuite/bunya/koyou_roudou/roudouseisaku/chushoukigyou/joken_kankyou_rule.html）、労働新聞社『まる分かり平成30年働き方改革関連法〔改正労基法編〕』平成30年、「働き方改革を推進するための関係法律の整備に関する法律新旧対照条文」を参考に作成。なお、プロフェッショナル制度など地方公務員には直接適用のない改正部分は割愛している。）

2 勤務時間の管理方法

(1) 厚生労働省による労働時間の定義

勤務時間に該当する労働時間の定義は、厚生労働省から出された「労働時間の適正な把握のために使用者が講ずべき措置に関するガイドライン」（平成29年１月20日策定。以下、労働時間把握ガイドライン）では、次のように示されています。

労働時間の定義

１）使用者の明示的・黙示的な指示により労働者が業務を行う時間は労働時間にあたる。

２）労働時間に該当するか否かは、労働契約や就業規則などの定めによって決められるものではなく、客観的にみて、労働者の行為が使用者の指揮命令下に置かれたものといえるか否か等によって判断される。

３）例えば、次のような時間は、労働時間に該当する。

ア）使用者の指示により、就業を命じられた業務に必要な準備行為（着用を義務付けられた所定の服装への着替え等）や業務終了後の業務に関連した後始末（清掃等）を事業場内において行った時間

イ）使用者の指示があった場合には即時に業務に従事することを求められており、労働から離れることが保障されていない状態で待機等している時間（いわゆる「手待時間」）

ウ）参加することが業務上義務付けられている研修・教育訓練の受講や、使用者の指示により業務に必要な学習等を行っていた時間

(2) 労働時間の把握方法

労働時間の把握の具体的な方法は次のとおりです。

労働時間把握の方法等

1）始業・終業時刻の確認及び記録の原則的な方法

原則として次のいずれかの方法によること。

a）使用者が、自ら現認することにより確認し、適正に記録すること。

b）タイムカード、ICカード、パソコンの使用時間の記録等の客観的な記録を基礎として確認し、適正に記録すること。

2）例外的に自己申告制により始業・終業時刻の確認及び記録を行う場合の措置

a）自己申告制の対象となる労働者、管理者に対しての十分な説明

b）自己申告により把握した労働時間と実際の労働時間が合致しているかの必要に応じた実態調査と所要の補正。特に実際に事業場内にいた時間に著しい乖離がある場合の実態調査の実施と所要の労働時間の補正

c）自己申告した労働時間を超えて事業場内にいる時間について、その理由等を労働者に報告させる場合は、当該報告が適正に行われているかについて確認

d）使用者は、労働者が自己申告できる時間外労働の時間数に上限を設けこれを超える申告を認めない等、適正な自己申告を阻害する措置を設けてはならないこと。法定労働時間やいわゆる36協定により延長可能時間数を超えているにもかかわらず、記録上これを守っているようにすることが、慣習的に行われていないかについて確認すること

(3) 働き方改革関連法による改正点

①　管理監督者の労働時間も把握対象

これまで、勤務時間の管理・把握の必要性の根拠であった労働時間把握ガイドラインでは、対象となる労働者には管理監督者が含まれていませんでした。また、労働安全衛生法に基づく長時間労働を行った者に対する医師の面接制度についても、管理監督者については管理監督者本人の判断に委ねられていたことも、問題点として指摘されていました。

働き方改革関連法により改正された労働安全衛生法では、医師による面接指導を適切に実施するために、使用者が管理監督者を含む労働者の労働時間の状況を把握することが義務化されています（労働安全衛生法第66条の８の３）。

②　具体的な把握方法や保存年数の明確化

労働時間の具体的な状況把握方法については、「タイムカードによる記録、パーソナルコンピュータ等の電子計算機の使用時間の記録等の客観的な方法その他の適切な方法」とされ、「把握した労働時間の状況の記録を作成し、３年間保存するための必要な措置を講じなければならない」とされました（労働安全衛生規則第52条の７の３）。

(4) 特殊な場合における勤務時間管理

①　事業場を異にする勤務が行われている場合

労基法では「事業場を異にする場合においても、労働時間に関する規定の適用については通算する」とされています（労基法第38条第１項）。

この「事業場を異にする勤務」とは、例えば、自治体内での職員の兼務・併任は当然含まれますが、任命権者が異なる場合や地公法第38条第１項による許可を受けて営利企業に従事する場合なども該当します。

２以上の事業場で働く合計時間が法定労働時間を超える場合は、割増賃金を支払うことになります。その場合に時間外勤務を行わせるためには、各々の事業場で時間外勤務を行わせるための手続きも必要となりま

す（昭和23年10月14日基収第2117号）。

②　事業場外において勤務が行われている場合

労基法では、事業場外において勤務が行われている場合で、事業場外での労働のため労働時間の算定が困難な場合に、原則として所定労働時間を労働したものとみなすこととしています（労基法第38条の２第１項）。

労働したとみなされる対象は、事業場外で労働する場合で、使用者の具体的な指揮監督が及ばず、労働時間の算定が困難な業務ですが、次のような業務は含まれません（昭和63年１月１日基発第１号）。

（ア）何人かのグループで事業場外労働に従事し、その中に労働時間の管理をする者がいる場合
（イ）事業場外で業務に従事するが、無線やポケットベル等によって随時使用者の指示を受けながら労働している場合
（ウ）事業場において、訪問先、帰社時刻等当日の業務の具体的指示を受けたのち、事業場外で指示通りに業務に従事し、その後事業場に戻る場合

③　その他の特殊な勤務時間の制度

労基法では、専門型裁量労働制（労基法第38条の３）、企画業務型裁量労働制（労基法法第38条の４）及び高度プロフェッショナル労働制度（労基法第41条の２）が規定されていますが、これらの制度は、企業職員・単純労務職員を除いて地方公務員には適用されません（地公法第58条第３項）。

3　時間外勤務の実施に関するルール

時間外勤務とは、正規の勤務時間以外の勤務であって、宿日直勤務以外のものをいい、次のいずれかに該当する場合に限り命ずることができます。

(ア) 法定労働時間内の時間外勤務

正規の勤務時間以外の勤務であっても、当該勤務時間が労基法で定める１日８時間、１週間40時間の法定労働時間内に収まる場合又は週１回の法定休日をなくすこととならない場合には、職務命令をもって勤務を命ずることができます（条例準則第10条第２項）。

(イ) 労基法上労働時間規制が除外されている場合

次に掲げる職員には労基法の労働時間に関する規定は適用されず、条例・規則で定めることで、職務命令をもって時間外勤務を命ずることができます（労基法第41条）。

（ａ）事業の特殊性によるもの（第１号）

労基法別表第１第６号（農林）、第７号（牧畜・水産）に掲げる事業に従事する者

（ｂ）管理監督職員等（第２号）

事業の種類にかかわらず監督若しくは管理の地位にある者又は機密の事務を取り扱う職員

（ｃ）監視又は断続的労働職員（第３号）

監視又は断続的労働に従事する者で、使用者が労働基準監督機関の許可を受けた職員

(ウ) 災害その他避けることのできない事由によって臨時の必要があり、労働基準監督機関の許可を受けている場合又は事後に届出を行う場合

災害その他避けることのできない事由によって、臨時の必要がある場合には、労働基準監督機関（一般職員については、人事委員会（人事委員会がない場合には市町村長、企業職員や単純労務職員については労働基準監督署長。以下同じ。）の許可を受けて、その必要の限度において時間外勤務を命ずることができます（労基法第33条第１項）。

また、事態急迫のために労働基準監督機関の許可を受ける暇がない場合には、事後に遅滞なく届け出なければなりません。この場合の許可基準は、以下のとおりです。

許可基準

（昭和22年９月13日発基第17号。令和元年６月７日基発0607第１号により一部改正、令和元年６月７日基監発0607第１号により留意点通達）

1）単なる業務の繁忙その他これに準ずる経営上の必要は認めないこと。

2）地震、津波、風水害、雪害、爆発、火災等の災害への対応（差し迫った恐れがある場合における事前の対応を含む）、急病への対応その他の人命又は公益を保護するための必要は認めること。例えば、災害その他避けることのできない事由により被害を受けた電気、ガス、水道等のライフライン（電話回線やインターネット回線等の通信手段も含む）や安全な道路交通の早期復旧のための対応、大規模なリコール対応は含まれること。

3）事業の運営を不可能ならしめるような突発的な機械・設備の故障の修理、保安やシステム障害の復旧は認めるが、通常予見される部分的な修理、定期的な保安は認めないこと。例えば、サーバーへの攻撃によるシステムダウンへの対応は含まれること。

4）上記2）及び3）の基準については、他の事業場からの協力要請に応じる場合においても、人命又は公益の確保のために協力要請に応じる場合や協力要請に応じないことで事業運営が不可能となる場合には、認めること。

※1　許可の対象には、直接対応する場合に加えて、当該事由に対応するにあたり、必要不可欠に付随する業務を行う場合が含まれること。具体的には、例えば、事業場の総務部門において、当該事由に対応する労働者の利用に供するための食事や寝具の準備をする場合や、当該事由の対応のために必要な事業場の体制の構築に対応する場合等が含まれること。

※２　許可基準に定めた事項はあくまでも例示であり、限定列挙ではなく、これら以外の事案についても「災害その他避けることのできない事由によって、臨時の必要がある場合」となることもあり得ること。

例えば、４）では「他の事業場からの協力要請に応じる場合」について規定しているところであるが、これは、国や地方公共団体からの要請が含まれないことを意味するものではない。そのため、例えば、災害発生時において、国の依頼を受けて避難所避難者へ物資を緊急輸送する業務は対象となるものであること。

（エ）公務のために臨時の必要がある場合（別表第１の各号に該当しない官公署及び教育職員に限る）

労基法別表第１の各号に該当しない官公署の職員及び教育公務員については、公務のために臨時の必要がある場合に時間外勤務を命ずることができます（労基法第33条第３項、昭和23年７月５日基収第1685号）。

この「公務のため臨時の必要がある場合」は、広く公務のための臨時の必要を含むものとされており、時間外命令は通常所属長の職務命令により行われています（昭和23年９月20日基収発第3352号）。

なお、この規定の適用は、職種や常勤非常勤等の違いを問わず、労基法別表第１に掲げる事業以外の官公署に従事しているかどうかで判断されます。

公立学校の教育公務員の取扱いについて

公立学校は、労基法別表第１第12号「教育、研究又は調査の事業」にあたるが、勤務する教育公務員は官公署の職員と同様に取り扱われ、次頁**（オ）**で解説する36協定は不要である（公立の義務教育諸学校等の教育職員の給与等に関する特別措置法（以下、教職給特法）第５条による地公法第58条第３項の労基法第33条第３項の読み替え）。

また、教育職員には原則時間外命令はされず、条例で定める給料月額の100分の４に相当する教職調整額（給料月額の４％）が支給され、時間外勤務手当及び休日勤務手当は支給されない（教職給特法第３条）。

ただし、次に掲げる業務に従事する場合で臨時又は緊急の必要があるときには、職員の健康及び福祉を害しないように考慮した上で、時間外勤務を命ずることができるとされている。

○公立の義務教育諸学校等の教育職員を正規の勤務時間を超えて勤務させる場合等の基準を定める政令で定められている業務

ア）校外実習その他生徒の実習に関する業務

イ）修学旅行その他学校の行事に関する業務

ウ）職員会議に関する業務

エ）非常災害の場合、児童又は生徒の指導に関し緊急の措置を必要とする場合その他やむを得ない場合に必要な業務

なお、教職員以外の職員、例えば、学校用務員、栄養士（栄養教諭を除く）、調理員等は、労基法別表１第12号の適用事業の職員となり、それらの職員に時間外勤務を命ずる場合は、**(オ)** で解説する36協定が必要となる。

(オ) 36協定を締結している場合（別表第１の各号に該当する事業者）

労基法別表第１の各号に該当する事業に従事する職員に時間外勤務を命ずるためには、民間労働者と同様にいわゆる36協定の締結をして、労働基準監督機関への届出が必要となります（労基法第36条）。

なお、36協定を締結する際の基本的な事項は、図表８のとおりです。

図表８　36協定締結の基本的な事項

36協定が必要となる事業所の判断基準	(a) 事業場単位で締結する。 (b) 官公署の事業が労基法別表第１に掲げる事業に該当するかの判断は、人事委員会（人事委員会がない場合は市町村長、単純労務職員及び企業職員は労働基準監督署長）が行う。 ※人事委員会等は判断にあたって地公法第８条第７項に基づく協定等により、労働基準局と協議することが適当である（昭和38年６月３日自治丁発第166号）。 ※別表第１号から第15号の号別区分、労働基準監督権限の行使については、第１章を参照。
36協定の当事者	(a) 使用者 任命権者、又は決裁規程等により時間外命令を権限委任された者 (b) 当該事業場における職員の範囲 ○労基法第９条にいう労働者（有期労働者も含む。） ○管理監督者、病気・出張・休職等の出勤していない者も含む。 ○派遣労働者は範囲外（派遣元と協定。昭和61年６月６日基発第333号） (c) 労働者の過半数代表者の要件 ○監督又は管理の地位にある者でないこと。 ○法に規定する協定等をする者を選出することを明らかにして実施される投票、挙手等の方法による手続きにより選出された者であって、使用者の意向に基づき選出されたものでないこと（労基法施行規則第６条の２第１項)。 (d) 過半数代表者の選出手続き ○過半数代表者の選出手続きについて必要な投票、挙手のほか、労働者の話合い、持ち回り決議等で、労働者の過半数が当該者の選任を支持していることが明確になるような民主的な手続きをとること（平成11年３月31日基発第169号)。 ○使用者は、過半数代表者が法に規定する協定に関する事務を円滑に遂行することができるよう必要な配慮を行わなければならない（労基法施行規則第６条の２第４項)。 (e) 過半数代表者への不利益取扱いの禁止 ○使用者は、過半数代表者であること、なろうとしたこと、協定の同意を拒否したこと等で不利益な取り扱いはしてはならない（平成11年１月29日基発第45号)。 (f) 当該事業所に複数の職員組合がある場合の職員組合の代表者（昭和23年４月５日基発第535号)

<table>
<tr><td rowspan="3"></td><td>複数の職員組合があって、過半数の職員組合がある場合</td><td>過半数の職員組合とのみ協定
⇒　他の職員団体の職員、組合員でない職員にも効力が及ぶ
※複数で連名も可（昭和28年１月30日基発第398号）</td></tr>
<tr><td>複数の職員組合があって、過半数の職員組合がない場合</td><td rowspan="2">過半数を代表する者と協定</td></tr>
<tr><td>事業場に職員組合の支部がない</td></tr>
<tr><td>協定事項</td><td colspan="2">協定は書面により、以下の事項を定めなければならない（労基法第36条第２項各号、労基則第17条各号、様式第９号及び第９号の２）。
（ａ）労働時間を延長し、又は休日に労働させることができる労働者の範囲
（ｂ）対象期間
（ｃ）労働時間を延長し、又は休日に労働させることができる場合
（ｄ）対象期間における１日、１か月、１年について、労働時間を延長して労働させることができる時間又は労働させることができる休日の日数
（ｅ）有効期間の定め
（ｆ）１年の限度時間に関する年の起算点
（ｇ）通常予見することができない業務量の大幅な増加等に伴い必要がある場合においても、時間外労働と休日労働の合計が「月100時間未満」、「２～６か月平均80時間」を満たすこと
上記（ａ）～（ｇ）に加えて、臨時的な特別の事情があるため、原則となる時間外労働の限度時間（月45時間、年360時間）を超えて時間外労働を行わせる必要がある場合には、さらに以下の事項を協定（協定様式第９号の２）。
（ｈ）限度時間を超えて労働させることができる場合
限度時間を超えることができる回数（年６回以内）
（ｉ）臨時的に限度時間を超えて労働させる必要がある場合における以下の時間数
○１か月の時間外労働＋休日労働の合計時間数（100時間未満）
○１年の時間外労働時間（720時間以内）
（ｊ）限度時間を超えて労働させる労働者に対する健康及び福祉を確保するための措置</td></tr>
</table>

	（k）限度時間を超えた労働に係る割増賃金率 （l）限度時間を超えて労働させる場合における手続き

（厚生労働省労働基準局『労働基準法解釈総覧　改訂15版』労働調査会、平成26年、368頁～372頁を参考に作成）

4　働き方改革関連法による時間外勤務に関する改正事項

ここまで解説してきた、時間外勤務命令に関する仕組みについては、平成31年４月から施行されている働き方改革関連法により、以下のとおり時間外労働・法定休日労働の上限規制が新たに定められました。

（1）時間外勤務の上限規制の内容

働き方改革関連法の施行前は、時間外労働・法定休日労働の上限は、厚生労働大臣による限度告示によって定められていたものの、特別な事情がある場合は、その上限を超え時間外労働を行わせることが制度上可能でした。

今回改正された労基法では、時間外労働・法定休日労働の上限が法律上で規定され、臨時的な特別な事情がある場合でも上限を上回ることができなくなりました（労基法第36条第２項、第４項）。

なお、この上限規制に違反した場合には、６か月以下の懲役または30万円以下の罰金が科されることとなります。

時間外労働・法定休日労働の上限

１）原則

月45時間以内、年360時間以内

２）臨時的な特別な事情がある場合

ア）時間外労働が年720時間以内

イ）時間外労働と法定休日労働の合計が１か月100時間未満

ウ）連続する２か月、３か月、４か月、５か月及び６か月のそれぞれについて、「時間外労働」と「法定休日労働」の月平

均が全て80時間以内

エ）時間外労働が月45時間を超える月数は６回以内

図表　法違反となるケースの例

（ア）時間外労働が月45時間を超えた回数が年７回以上となった場合（下表では３月で７回を超過）

	4月	5月	**6月**	7月	**8月**	9月	**10月**	11月	**12月**	1月	**2月**	**3月**
時間外労働	**46**	10	**46**	10	**46**	10	**46**	10	**46**	10	**46**	**46**

（イ）単月で時間外労働と休日労働の合計が100時間以上となった場合（下表での12月）

	4月	5月	6月	7月	8月	9月	10月	11月	**12月**	1月	2月	3月
時間外労働 休日労働	10	10	10	10	10	10	10	10	**100**	10	10	10

（ウ）時間外労働と法定休日労働の合計の２～６か月平均のいずれかが80時間を超えた場合（下表では12月、１月、２月の３か月平均）

	4月	5月	6月	7月	8月	9月	10月	11月	**12月**	**1月**	**2月**	3月
時間外労働 休日労働	10	10	10	10	10	10	10	10	**85**	**70**	**90**	10

（出典：厚生労働省・都道府県労働局・労働基準監督署『時間外労働の上限規制　わかりやすい解説』2019年８月、21頁、一部改変）

（2）時間外労働の上限規制への具体的な対応

自治体における時間外労働の上限規制への具体的な対応は、次のとおりです。

①　時間外勤務命令の上限設定に対応した条例・規則の改正

職員の勤務時間その他の勤務条件は、条例で定めることとされており、時間外勤務命令の上限設定に対応して条例の改正を行う必要があります（地公法第24条第５項）。

この時間外勤務命令の上限設定に対応した条例の規定例については、総務省からの通知（平成30年12月21日総行公第182号）に示されており、正規の勤務時間以外の時間における勤務に関する必要な事項を人事委員会規則（人事委員会がない場合は長の規則。以下、規則）に委任することとされています。

また、委任された規則で定める事項は、地公法第24条第４項における均衡の原則に基づいて、国家公務員の超過勤務命令の上限関係について改正された人事院規則15―14を参考に定めていくことになります。

具体的な条例・規則の内容例

ア）職員の勤務時間、休暇等に関する条例（案）

（正規の勤務時間以外の時間における勤務）

第10条　１　（略）

２　任命権者は、公務のため臨時又は緊急の必要がある場合には正規の勤務時間以外の時間において職員に前項に掲げる勤務以外の勤務をすることを命ずることができる。

３　前項に規定するもののほか、同項に規定する正規の勤務時間以外の時間における勤務に関し必要な事項は、人事委員会規則で定める。

イ）人事院規則15―14（職員の勤務時間、休日及び休暇）の一部改正の概要

国家公務員の超過勤務命令の上限は改正された労基法と同じ時間となります（図表９）。また、労基法上臨時的な特別な事情がある場合については、国会関係、国際関係、法令協議、予算折衝等他律的な業務の比重が高い部署に勤務した場合とされています。

加えて、労基法33条第１項に規定される災害その他避けることができない事由による時間外勤務は、大規模災害への対処等、特例業務への従事の場合とされ、人事院による承認は不要としなが

らも、事後の要因整理、分析・検証を行うこととしています（図表10）。

図表9　時間外勤務命令の上限時間関係

（1）（2）以外の職員の上限時間	
原則	1カ月　45時間、1年360時間
1年において勤務する部署が（2）の部署から（1）の部署となった職員	①1年　720時間以下
	②（2）の部署となった日から当該日が属する月の末日までの期間（特定期間） ・1カ月　100時間未満（※） ・2～6か月平均のそれぞれの期間　1カ月あたり平均80時間以下（※） ・1年のうち1か月において45時間超の月数　6か月まで
	特定期間の末日の翌日から1年の末日までの期間 ・1カ月　45時間以下 ・当該期間において時間外勤務を命ずる時間　30時間×当該期間の月数
（2）他律的な業務の比重の高い部署に勤務する職員の上限時間	
	・1カ月　100時間未満（※）
	・1年　720時間以下
	・2～6か月平均のそれぞれの期間　1か月あたり平均80時間以下（※）
	・1年のうち1か月において45時間超の月数　6か月まで

※運用上の留意点
- 部署の単位は原則として課室又はこれらに相当するものとする
- 「月」は月の初日から末日までの期間
- 「年」は原則として4/1～翌年3/31の期間
  （必要に応じ、4月以外の月を起算点とすることも可だが人事院への報告が必要）
- 月単位又は2～6か月単位の超過勤務の上限は、府省等を異にする異動の場合も通算
- 他律的業務の比重が高い部署の範囲は業務の状況を考慮して必要最小限とし、部署を定めた場合又は変更した場合は職員に周知する必要がある
- ※の部分は、法定休日に該当する週休日における時間外勤務を含める。

（人事院「超過勤務の上限等に関する措置について」（平成31年2月）を参考に作成）

図表10　上限時間の特例業務関係

（１）以下に該当する場合には、上限規制は適用されない。
①特例業務（大規模災害への対処、重要な政策に関する法律の立案、他国又は国際機関との重要な交渉その他の重要な業務であって特に緊急に処理することを要するものと各省各庁の長が定めるもの。以下同じ。）に従事する職員に上限時間又は月数を超えて超過勤務を命ずる必要がある場合
②人事院が定める期間（１か月～１年）において特例業務に従事していた職員に対して上限時間又は月数を超えて超過勤務を命ずる必要がある場合
（２）上限時間を超えて超過勤務を命ずる場合の措置
①あらかじめその旨を職員に通知すること。上限時間を超えて超過勤務を命ずることを判断することが困難な場合には、事後において速やかに通知すること。
②上限時間を超える超過勤務は必要最低限のものとし、かつ健康の確保に最大限の配慮をすること。
③当該超過勤務を命じた日が属する当該時間又は月数の算定に係る１年の末日の翌日から起算して６月以内に、当該超過勤務に係る要因の整理、分析及び検証を行うこと。 　この整理、分析及び検証においては、所属部署・氏名・超過勤務時間及びその上限、特例業務の概要、人員配置又は業務分担の見直し等によっても回避できなかった理由を記録しなければならない。

（人事院「超過勤務の上限等に関する措置について」（平成31年２月）を参考に作成）

②　時間外勤務命令の上限設定に対応した36協定の締結

労基法別表第１の各号に該当する事業に従事する職員に時間外勤務を命ずるためには、36協定の締結と労働基準監督機関への届出が必要です（労基法第33条第３項、第36条第１項）。36協定締結に関する留意事項は、図表11のとおりです。

図表11　労働基準法第36条第１項の協定で定める労働時間の延長及び休日の労働について留意すべき事項等に関する指針（平成30年９月７日厚生労働省告示第323号）

項目	内容
労使当事者の責務 第２条	労働時間の延長及び休日の労働は必要最小限にとどめること
使用者の責務 第３条	○使用者は、36協定の範囲内であっても労働者に対する安全配慮義務を負うこと。 ○労働時間が長くなるほど過労死との関連性が強まることに留意する必要があること。 【過労死との関連】 ○時間外勤務が、月45時間を超えて長くなるほど、業務と脳・心臓疾患の発症との関連性が徐々に強まる。 ○時間外勤務が月100時間又は２～６か月平均で80時間を超える場合には、業務と脳・心臓疾患の発症との関連性が強い。 (「脳血管疾患及び虚血性心疾患等（負傷に起因するものを除く。）の認定基準について」(H13.12.12.基発第1063号))
業務区分の細分化 第４条	時間外労働・休日労働を行う業務の区分を細分化し、業務の範囲を明確にすること →業務の区分を細かく分けることによって、延長の必要性の判断をきめ細やかに行う趣旨である。
特別な事情 第５条	○臨時的な特別の事情がなければ、限度時間（月45時間・年360時間）を超えることはできないこと。 ○限度時間を超えて労働させる必要がある場合は、できる限り具体的に定めなければならないこと。(※１) ○限度時間を超える場合にも、時間外労働は、限度時間にできる限り近づけるように努めること。(※２) ※１「業務の都合上必要な場合」「業務上やむを得ない場合」など恒常的な長時間労働を招くおそれがあるものは認められない。 ※２　限度時間を超える時間外労働については、25%を超える割増賃金率とするように努めなければならない。
１か月未満の有期雇用労働者 第６条	目安時間（※）を超えないように努めること。 ※１週間：15時間、２週間：27時間、４週間：43時間

休日の労働を定めるにあたっての留意事項 第７条	休日労働の日数をできる限り少なくし、及び休日に労働させる時間をできる限り短くするように努めること。
限度時間を超える場合の健康福祉確保措置 第８条	限度時間を超えて労働させる労働者に対する健康及び福祉を確保するための措置について、協定することが望ましいことに留意しなければならない。 ○労働時間が一定時間を超えた労働者に医師による面接指導を実施すること。 ○深夜労働させる回数を１か月について一定回数以内とすること。 ○終業から始業までに一定時間以上の継続した休息時間を確保すること。 ○労働者の勤務状況及びその健康状態に応じて、代償休日又は特別な休暇を付与すること。 ○労働者の勤務状況及びその健康状態に応じて、健康診断を実施すること。 ○年次有給休暇についてまとまった日数を連続して取得することを含めてその取得を促進すること。 ○心とからだの健康問題についての相談窓口を設置すること。 ○労働者の勤務状況及びその健康状態に配慮し、必要な場合には適切な部署に配置転換をすること。 ○必要に応じて、産業医等による助言・指導を受け、又は労働者に産業医等による保健指導を受けさせること。

※適用除外・猶予されている事業・業務については、記載を割愛した。
（告示の内容をもとに作成）

③　職員への健康確保措置の実施と時間外勤務時間の周知

労働安全衛生法は、職場における労働者の安全と健康の確保と快適な職場環境の形成を促すことを目的とした法律であり、地方公務員にも原則適用されます。また、働き方改革関連法による改正を受けて人事院規則10－４（職員の保健及び安全保持）が改正されており、法の要請や均衡の原則に基き、適切な対応が必要です。

改正内容の柱は、産業医・産業保健機能の強化と医師の面接指導の対象拡大であり、そのうち時間外勤務の状況把握が義務化されたこと、産業医及び職員に対する情報提供が求められることとなったことは、適切な勤務時間管理を行っていく上で特に留意する必要があります。

以下、主な改正事項を解説します。

（ア）面接指導の対象拡大

長時間労働者の健康管理確保措置の一環として、医師による面接指導の対象となる労働者の要件について、時間外・休日労働時間の１月あたりの時間数が、100時間超の者から80時間超の者に拡大されました（安全衛生規則第52条の２第１項）。

また、改正された人事院規則では、この要件に該当する者に加え、「超過勤務時間が１箇月100時間以上又は２～６箇月平均で80時間を超えた職員」は、本人の申し出の有無にかかわらず面接指導の実施が義務付けられています（規則10－４運用通知第22条の２関係第１項及び第２項）。

（イ）職員の勤務状況に関する記録

面接指導の適切な実施を確保するため、使用者が管理監督者も含む全職員の労働時間の状況を把握することが義務化されました。また、労働時間の把握方法としてタイムカードによる記録、パーソナルコンピュータ等の電子計算機の使用時間（ログインからログアウトまでの時間）の記録等の客観的な方法やその他の適切な方法で実施することが求められることとなりました（労働安全衛生法第66条の８の３、労働時間の適正な把握のために使用者が講ずべき措置に関するガイドライン。詳細は本章第２節２「勤務時間の管理方法」を参照）。

なお、把握した労働時間の状況は、記録を作成し３年間保存するための必要な措置を講じなければなりません（安全衛生法規則第52条の７の３第２項）。

これを受けて、改正された人事院規則では、職員の超過勤務時間を適切に把握するために記録しなければならない事項として、超過勤務を命じた場合の職員の氏名、年月日及び時間数を超過勤務命令簿に記録することとされています（人事院規則10－４第22条の２第２項、規則10－４運用通知第22条の２関係第10項、第11項）。

(ウ) 産業医及び職員に対する必要な情報の提供

産業医による面接指導をはじめ職場の健康確保措置の適切な実施のため、図表12に掲げる内容を、職員に対して情報提供することとされており、人事院規則でも同様の取扱いとなっています（人事院規則10－4第9条第6項）。

図表12　職員に対する情報提供内容

提供内容	提供方法
健康管理等に関する必要な情報（安全衛生法第101条第２項） ①事業場における産業医の業務の具体的内容 ②産業医に対する健康相談の方法 ③産業医による労働者の心身の状態に関する情報の取り扱いの方法	以下のいずれかの方法 ①各作業場の見やすい場所に掲示又は備え付け ②書面を職員に交付 ③磁気テープ、磁気ディスクその他これらに準ずる物に記録し、かつ各作業場の職員が記録の内容を常時確認できる機器を設置（イントラネットなど）
時間外勤務・法定休日の勤務時間数が１月当たり80時間を超えた職員に対する労働時間に関する情報（安全衛生規則52条の２第３項） ①時間外勤務時間数および法定休日の勤務時間数のうち80時間を超えた時間数 ②面接指導の実施方法・時期等の案内を併せて行うこと。	①１月当たりの時間外・休日労働時間の算定を毎月１回以上、一定の期日を定めて行い、算定後速やかに通知する。 （労働安全衛生規則52条の２第３項） ②書面や電子メールにより通知 ※給与明細に時間外勤務時間数・法定休日の勤務時間数が記載されている場合でも可 （平成30年12月28日基発1228第16号）

（「働き方改革を推進するための関係法律の整備に関する法律による改正後の労働安全衛生法及びじん肺法関係の解釈等について」平成30年12月28日基発1228第16号をもとに作成）

(エ) 産業医等に対する職員の健康管理等に必要な情報の提供

産業医等の長時間勤務者への健康確保措置の適切な実施のために、図表13に掲げる内容を産業医等に提供する必要があります（安全衛生法第13条第４項、第13条の２第２項、安全衛生規則第14条の２第１項、第２項、第15条の２第３項）。

このことについて、人事院規則でも同様の取扱いとなります（人事院規則10－４第９条第６項)。

図表13　産業医等に提供する情報の内容と提供時期

提供内容	提供時期
①健康診断実施後の措置 ②長時間労働者に対する面接指導実施後の措置 ③ストレスチェックに基づく面接指導実施後の既に講じた措置 （措置を講じない場合は、その旨及びその理由）	医師又は歯科医師からの意見聴取を行った後、遅滞なく（概ね１か月）
①法定時間外勤務、法定休日における労働時間が１月あたり80時間を超えた労働者の氏名 ②当該労働者に係る当該超えた時間に関する情報 （該当者がいない場合はその旨）	当該超えた時間の算定を行った後、速やかに（概ね２週間以内）
労働者の業務に関する情報であって産業医が労働者の健康管理等を適切に行うために必要と認めるもの ①労働者の作業環境 ②労働時間 ③作業態様 ④作業負荷の状況 ⑤深夜業等の回数・時間数　など	産業医から当該情報の提供を求められた後速やかに（概ね２週間以内）

(「働き方改革を推進するための関係法律の整備に関する法律による改正後の労働安全衛生法及びじん肺法の施行等について」（平成30年９月７日基発0907第２号)、「働き方改革を推進するための関係法律の整備に関する法律による改正後の労働安全衛生法及びじん肺法関係の解釈等について」平成30年12月28日基発1228第16号をもとに作成)

第3節 休日・休業・休暇に関する事項

職員は、法律又は条例に特別の定めがある場合を除くほか、その勤務時間及び職務上の注意力のすべてをその職責遂行のために用い、当該自治体がなすべき責を有する職務にのみ従事しなければなりません。この義務を「職務専念義務」といいます（地公法第35条）。

本節では、法律又は条例に特別の定めがある場合によって職務専念義務が免除される、「休日」「休業」「休暇」について解説します。

Ⅰ 休日

（1）休日

休日とは、もともと勤務が割り振られた日について、条例で休日とされた結果、特に勤務することを命ぜられる者を除き、勤務することを要しなくなった日をいい、地公法第35条に規定される条例に定める職務専念義務の免除の一つです。この休日には、「祝日法に定める休日」「年末年始の日」「その他特別の事情の存する日（例えば県民の日など）又は国の行事が行われる日」があります（条例準則第11条）。

この休日と労基法第35条で規定される法定休日とは言葉は同じですが、元々の勤務義務がある点で全く異なる概念です。また、休日に勤務を命ずることについて労基法上、特に制限はありませんが、勤務を命じた時間につき100分の135の休日給が支給されます。

なお、条例上の休日と週休日が重なることとなる場合、週休日には勤務時間が割り振られていないことから、休日ではなく、週休日として取り扱います。

(2) 休日の代休日の指定

任命権者は、職員に休日に割り振られた正規の勤務時間の全部について特に勤務することを命じた場合には、当該休日に割り振られた勤務時間と同一の時間数の勤務時間が割り振られた勤務日を、代休日として指定することができます。その場合、代休日を指定された職員は、当該代休日における職務専念義務が免除されます（条例準則第12条）。

この代休日の指定は、職員の勤務条件の安定を図るため、事前に行うこと、１日単位で与えられ時間単位ではないこと、休日から一定期間内の日に行うこと（国家公務員は８週間以内（人事院規則15―14第17第１項））とされています。

また代休日の指定の効果として、休日給の支給が不要となります。

(3) 代休日に勤務した場合

休日の勤務を命じられた職員が、あらかじめその代休の付与を希望しない場合や、代休を付与したが当該代休日に更に勤務を命じられた場合には、休日給が支給されることになります。

2 休業

(1) 休業

休業とは、育児や学業など特定の事由が生じた際に、職員からの申請により職務専念義務を免除するものです。休業になると、当該職員は、その職を保有するものの職務に従事することを免除され、原則として給与は支給されません。

(2) 休業の種類

休業の種類には、地方公務員の育児休業等に関する法律（以下、地公育休法）に基づく育児休業、部分休業、育児短時間勤務のほか、修学部分休業（地公法第26条の２）、高齢者部分休業（地公法第26条の３）、自己啓発等休業（地公法第26条の５）及び配偶者同行休業（地公法第26条の６）及び教育職員を対象とした大学院修学休業（教育公務員特例法第26条～第28条）があり、それぞれ取得事由と期間が定められています（図表14）。

図表14　地方公務員の休業の種類

休業の種類	事　由	期　間
育児休業	３歳に満たない子を養育する場合	任命権者から承認された期間 ※１度のみ延長可
部分休業	小学校就学の始期に達するまでの子を養育する場合	勤務時間のうち任命権者から承認された期間（２時間以内）
育児短時間勤務	小学校就学の始期に達するまでの子を養育する場合	・１日３時間55分（週19時間35分） ・１日４時間55分（週24時間35分） ・１日７時間45分（週３日） ・週２日７時間45分、週１日３時間55分（週合計19時間25分） ・その他週19時間25分から24時間35分の範囲内で条例で定める勤務形態
修学部分休業	大学その他の条例で定める教育施設で修学し、能力の向上に資する場合	条例上定められる当該就学に必要と認められる期間
高齢者部分休業	高年齢として条例で定める年齢に達した職員がフルタイムでの勤務を希望しない場合	申請で示した日から定年退職日までの期間
自己啓発等休業	大学等課程の履修又は国際貢献の活動を行う場合で公務に関する能力の向上に資すると認められる場合	３年を超えない範囲内で条例で定められた期間

配偶者同行休業	外国で勤務等をする配偶者と生活を共にする場合	３年を超えない範囲内で条例で定められた期間
大学院修学休業	主幹教諭が専修免許取得を目的に大学院の課程に在学する場合	３年を超えない範囲内で条例で定められた期間

（橋本勇『逐条地方公務員法第４次改訂版』平成28年、学陽書房、531頁～555頁を参考に作成）

(3) 育児に関する制度の民間労働者との法適用の違い

育児休業や部分休業など育児に関する休業・休暇や勤務時間の特例については、民間労働者にも同様の仕組みがありますが、これらの制度は地方公務員には直接適用されず、次に掲げる条文が適用されています（育児・介護休業法第61条第１項。図表15）。

図表15　育児に関する休業・休暇や勤務時間の特例制度の適用関係

制度	地方公務員		民間労働者	
	根　拠	期間・内容等	根　拠	地方公務員と異なる内容
育児休業	地公育休法第３条～第９条	３歳に達するまで	育児・介護休業法第５条～10条	１歳に達するまで（２歳まで延長可）労働協定による対象外労働者の設定
育児短時間	地公育休法第10条～第18条	小学校就学の始期に達するまで１週間あたりの勤務時間を選択	育児・介護休業法第23条	３歳まで所定労働時間を６時間以下とすること。それ以後は次の措置のいずれかを選択（努力義務）①フレックスタイムの制度 ②始業又は終業の時刻を繰り上げ又は繰り下げる制度（時差出勤制度）③労働者の養育する子に係る保育
部分休業	地公育休法第19条	小学校就学の始期に達するまで１日２時間までの職務免除（無給）	育児・介護休業法第24条第１項	

				施設の設置運営その他これに準ずる便宜の供与
子の看護	育児・介護休業法第61条第11項	小学校就学の始期に達するまで年間５日（２人以上は10日）	育児・介護休業法第16条の２～16条の４	労使協定による対象外労働者の設定
所定外労働の免除	育児・介護休業法第61条第19項	３歳に達するまで所定外労働の免除	育児・介護休業法第16条の８	
時間外労働の制限	育児・介護休業法第61条第23項	小学校就学の始期に達するまで時間外勤務の限度時間を設定	育児・介護休業法第17条	労使協定による対象外労働者の設定
深夜勤務の免除	育児・介護休業法第61条第27項	小学校就学の始期に達するまで深夜勤務を免除	育児・介護休業法第19条	

（小川友次・澤田千秋編著『地方公務員の〈新〉勤務時間・休日・休暇　第２次改訂版』学陽書房、平成29年、495頁～510頁を参考に作成）

3 休暇

休暇とは、勤務時間が割り振られた日について職員の私生活上又は社会生活上の事由がある場合、任命権者の承認又は任命権者への届出により勤務免除とする制度です。

休暇の内容は、地公法第24条第５項に基づき条例やその委任を受けた規則で定められます。また、企業職員及び単純労務職員の休暇に関する事項は、団体交渉で決められ労働協約の対象となります。

休暇の種類には、年次有給休暇、病気休暇、特別休暇及び介護休暇の４種類があります。

(1) 年次有給休暇

① 基本事項

(ア) 年次有給休暇

年次有給休暇とは、労働者の心身の疲労を回復させ、また、仕事と生活の調和を図るために、利用目的を問わずに取得することができる有給の休暇です（労基法第39条）。

(イ) 付与条件

年次有給休暇は、６か月間継続して勤務し、全労働日の８割以上を出勤した労働者に対して初年10日間の年次有給休暇を与え、その後、８割以上の出勤の条件を満たしていれば、継続勤務年数の１年ごとに、取得できる日数が増加していく仕組みです（第39条第１項、第２項）。

一方、地方公務員における年次有給休暇は、採用初年において20日を当該年の勤務月数で除した日数を採用日に付与していること、８割の出勤が付与条件となっており、労基法よりも有利な取扱いとなります。

(ウ) 取得単位

労基法上、年次有給休暇は１労働日単位で取得することが原則です。ただし、労働者が希望し、使用者が同意した場合であれば、日単位での取得の阻害とならない範囲で、半日単位で与えることは差し支えありません（昭和24年７月７日基収第1428号、昭和63年３月14日基発第150号）。

一方、地方公務員の年次有給休暇の単位は、１日及び１時間を単位としている国家公務員に準じている場合のほか、半日単位の取得を認めている自治体もあります（人事院規則15―14第20条第１項）。

なお、民間企業でも時間単位による取得希望がみられたことから、年次有給休暇の有効活用を目的として労基法が改正され、労使協定により５日以内の時間単位の年次有給休暇の付与が平成22年４月より認められています（労基法第39条第４項）。

この規定の地方公務員への適用は、地公法第58条第４項で、「労使協定」が「特に必要があると認められるとき」に読み替えが行われており、労使協定締結は必要ありませんが、法律の趣旨に沿った運用が求められます（時間単位での年次有給休暇の付与の取扱いの詳細は、「労働基準法の一部を改正する法律の施行について」（平成21年５月29日基発0529001号）第４　時間単位年休（法第39条第４項及び第７項関係）を参照）。

(エ) 繰越し

年次有給休暇には２年間の時効があり、付与された日数の残日数は繰り越されます（労基法第115条、昭和23年12月15日基発第501号）。

繰越しの単位は、国家公務員では１日未満の端数切り捨ての取扱いとなりますが、労基法では時間単位の繰越しを認めています（国家公務員の取扱いについては人事院規則15－14第19条、労基法上の取扱いについては平成21年５月29日基発0529001号第４　３　時間単位年休に係る労使協定で定める事項（２）時間単位年休の日数を参照）。

なお、繰り越された年次有給休暇の充当順位は、当事者の特段の合意がない場合には、国家公務員の取扱いに準じ、繰り越された分から充当することになります（平成６年７月27日職職－328）第12　年次休暇関係　14、昭和23年５月５日基発第686号）。

ここまでの年次有給休暇の一般的事項について、労基法と地方公務員の扱いを比較すると、図表16のとおりとなります。

②　年次有給休暇に関する禁止事項

(ア) 不利益な取扱いの禁止

年次有給休暇を取得した労働者について、賃金の減額その他不利益な取扱いをしてはなりません。（労基法第136条）。

不利益な取扱いの具体例としては、精皆勤手当や賞与の算定に際して年次有給休暇を取得した日を欠勤又は欠勤に準じて取扱うことなどがあります（昭和63年１月１日基発１号）。

図表16　年次有給休暇の一般的事項に係る労基法と地方公務員との比較

	労基法	地方公務員
付与時期	雇い入れ後６か月後に付与	採用日に付与
付与条件	全労働日の８割以上の勤務実績がある場合に付与	勤務実績に関わらず付与
付与日	【週30時間以上又は所定労働日週５日以上の場合】 継続勤務６月　…10日 継続勤務１年６月…11日 継続勤務２年６月…12日 継続勤務３年６月…14日 継続勤務４年６月…16日 継続勤務５年６月…18日 継続勤務６年６月…20日	・採用初年度は、20日を当該年度の勤務月数で除した日数 ・採用翌年度以降は、20日を付与 (例) １月１日採用…20日 ４月１日採用…15日 ７月１日採用…10日 10月１日採用…５日
取得単位	原則１日（半日も可能） １時間（労使協定・年５日以内）	原則１日（半日の自治体あり） １時間（特に必要な場合・労使協定不要）
繰越し	繰越し可（時効２年） 繰越し単位　１日・半日・１時間（※） ※繰り越し後、時間単位で使用可能な日数は年５日以内とする	繰越し可（時効２年） 繰越し単位　１日・半日・１時間

（労基法第39条第２項、人事院規則15―14、条例準則をもとに作成）

(イ) 買上げの禁止

年次有給休暇は、労働義務が現実に消滅する日を確保しなければならず、金銭で買上げることは認められていません。また、買上げの予約に基づいて年次有給休暇の日数を少なくしたり、請求された日に休暇を与えなかったりすることは、労基法第39条の違反となります（昭和30年11月30日基収第4718号）。また、休暇権の放棄契約もできません。

なお、法定日数を超えて与えられている休暇を買上げても、法違反とはなりません（昭和23年３月31日基発第513号、昭和23年10月15日基収第3650号）。

③　休暇取得の手続きに関する留意事項

(ア) 取得を拒むことは原則認められない

年次有給休暇は、法律上当然に所定日数の権利を取得するもので、職員の請求により初めて生ずるものではないとされています。職員が休暇取得の申請をすることは、取得時季を指定するものであり、使用者は原則その取得を拒むことはできません（労基法第39条第5項、白石営林署事件　最高裁二小　S48.3.2判決）。

(イ) 使用者には一定の場合に時季変更権がある

（ア）のとおり、年次有給休暇は職員が指定する時季に与えなければなりませんが、一方で使用者は、事業の正常な運営を妨げる場合に、他の時季に年次有給休暇を与えることができる時季変更権を有しています（労基法第39条第5項）。

「事業の正常な運営を妨げる場合」とは、「その企業の規模有給休暇請求権者の職場に於ける配置その担当する作業の内容性質、作業の繁閑、代行者の配置の難易、時季を同じくして有給休暇を請求する者の人数等諸般の事情を考慮して制度の趣旨に反しないよう合理的に決すべき」であるとされています（「東亜紡織懲戒解雇事件」昭和33年4月10日大阪地裁判決要旨、D1-Law.com）。

このことから、使用者は年次有給休暇の時季変更権の行使を検討するにあたっては、業務繁忙という理由だけではなく、職員が請求する時季に休暇を取得することができるよう、代替要員の確保や勤務体制の変更を行うなどの配慮が必要となります。

なお、休暇を取得する理由を職員に確認することは差し支えありませんが、その理由により休暇の取得を認めないという取扱いはできません。

(ウ) その他年次有給休暇の取得に係る個別ケースの判断

（a）週休日・休日の年次有給休暇の取得

年次有給休暇は、条例・規則等に基づき、その期間中は完全に職務専念義務が免除されます。したがって、そもそも職務専念義務が課されていない週休日や既に条例で職務専念義務が免除されている休日に、年次有給休暇を取得させることはできません。

（ｂ）休職、育児休業中の年次有給休暇の取得

週休日等と同様、年次有給休暇をとらせることはできません（昭和24年12月28日基発第1456号、昭和31年２月13日基収第489号）。

ただし、産前休暇のような休暇取得に申請を前提とする場合に、当該休暇申請を取り下げるかわりに年次有給休暇の取得の希望がある場合には、年次有給休暇を取得させなければなりません。

（ｃ）退職予定者への年次有給休暇の付与

職員が退職する場合に、残った全ての年次有給休暇の取得の申し出がされた場合には、その退職予定日を超えて時季変更権は行使できないため、これを拒むことはできません。

行政解釈においても、解雇予定日が20日後で20日間の権利を有している労働者がその取得を申し出たときについて、「当該20日間の年次有給休暇の権利が労働基準法に基づくものである限り、当該労働者の解雇予定日をこえての時季変更は行えない」とされています（昭和49年１月11日基収第5554号）。

この場合、退職日までの週休日など職務専念義務がない日を年次有給休暇とすることは、買い上げにあたり違法となります。

④　働き方改革関連法による改正事項とその対応

（ア）改正事項

働き方改革関連法により労基法が改正され、平成31年４月１日から、年10日以上の年次有給休暇が付与される労働者に対して、時季を指定して、年５日の年次有給休暇を取得させることが使用者の義務となりました（労基法第39条第７項、第８項）。

なお、労働者が年次有給休暇の取得時季を指定した場合や、使用者から計画的付与をしている場合には、これらの日数は５日から控除されます。

(イ) 時季指定方法

使用者は、時季指定にあたっては、労働者の意見を聴いて、その意見を尊重するよう努めることとされています。また、労働者ごとに年次有給休暇管理簿を作成し、３年間保存しなければなりません（労基法施行規則第24条の７）。

(ウ) 地方公務員への適用

今回の改正事項は、企業職員、単純労務職員を除く地方公務員には適用されませんが（地公法第58条第３項）、法律の趣旨に沿った対応が求められます。また、国家公務員の取扱いでは人事院から「計画表の活用による年次休暇及び夏季休暇の使用の促進について」（平成30年12月７日職職－252）が出され、その通知の中で「毎年９月末日時点で当該年における年次休暇の使用日数の累計が５日に達していない職員に対しては、年次休暇の使用を促すとともに、職員の希望を考慮して計画表を変更し、当該年において５日以上の年次休暇を使用することができるよう配慮すること」とされています。

(2) 病気休暇

病気休暇とは、職員が負傷又は疾病のため療養する必要があり、その勤務しないことがやむを得ないと認められる場合における休暇をいいます（条例準則第15条）。

休暇の取得には、事前に請求による承認が必要で、その場合、使用者は医師の診断書などの証明に基づいて申請期間について承認することとなります。また、承認期間は、「療養のため勤務しないことがやむを得ないと認められる必要最小限度の期間」とされ、必要に応じて１日、１時間又は１分を単位として取り扱うものとされています（人事院規則15－14第21条第１項、平成６年７月27日職職－328第13　病気休暇関係８）。

なお、病気休暇期間が90日を超えた場合は、地公法第28条第２項第１号に基づく休職の発令がなされることとなり、私傷病の休職発令後１年間は、給料及び手当の100分の80が支給されることとされています。

(3) 特別休暇

特別休暇とは、あらかじめ定められた特定の事由に該当する場合に、所定の手続きに従い、適法に任命権者の承認を得て、職務専念義務を免除される休暇をいいます（条例準則第16条）。

具体的な休暇の内容は、人事委員会規則（人事委員会を置かない場合は任命権者の規則）で国家公務員の制度に準じて定められています。

主なものとして、労基法に基づくもの（公民権行使、産前産後休暇、育児時間、生理休暇など）、その他法令に関するもの（証人などとしての出頭など）、育児・介護休業法に基づくもの（子の看護休暇など）のほか、結婚休暇・忌引き・ボランティア休暇など、特別の事由により取得できるものなど、多種多様です。

なお、各自治体では、国家公務員で認められていない特別休暇が定められており、一定の勤続年数を経た職員への「リフレッシュ・永年勤続休暇」などは33の都道府県、12の指定都市、598の市区町村で制定されています（総務省「平成30年度地方公共団体の勤務条件等に関する調査結果」。図表17）。

(4) 介護休暇・介護時間

①　介護休暇

介護休暇とは、配偶者、父母、子、配偶者の父母等などについて、負傷、疾病又は老齢により２週間以上にわたり日常生活を営むのに支障がある者（以下、要介護者）を介護するために、職員の申し出に基づき認められる休暇をいいます（条例準則第17条）。介護休暇の期間は、当該介護の継続する状態ごとに３回を超えず、かつ通算して６月を超えない範囲内で指定する期間です。

この介護休暇のために勤務しない時間は、給与が減額されますが、地方公務員等共済組合法による介護休業手当金として一定の金額が支給さ

図表17　主な特別休暇等の状況（平成31年４月１日現在）

（単位：団体）

区　分		都道府県	指定都市	市区町村	合　計
国に制度のある特別休暇	公民権行使	47	20	1,718 (99.8%)	1,785
	官公署への出頭	47	20	1,718 (99.8%)	1,785
	ドナー休暇	47	20	1,707 (99.2%)	1,774
	ボランティア休暇	46	20	1,672 (97.2%)	1,738
	結婚休暇	47	20	1,719 (99.9%)	1,786
	産前休暇	47	20	1,721 (100.0%)	1,788
	産後休暇	47	20	1,719 (99.9%)	1,786
	保育時間	47	20	1,719 (99.9%)	1,786
	妻の出産	47	20	1,716 (99.7%)	1,783
	育児参加	47	20	1,489 (86.5%)	1,556
	子の看護	36	20	1,702 (98.9%)	1,758
	短期の介護	47	20	1,640 (95.3%)	1,707
	忌引休暇	47	20	1,720 (99.9%)	1,787
	父母の追悼（法要）	45	16	1,666 (96.8%)	1,727
	夏季休暇	47	20	1,709 (99.3%)	1,776
	現住居の滅失等	46	20	1,665 (96.7%)	1,731
	災害・交通機関の事故等	46	20	1,689 (98.1%)	1,755
	退勤途上の危機回避	39	12	1,399 (81.3%)	1,450

国に制度のない特別休暇等	リフレッシュ・永年勤続休暇	33	12	598 (34.7%)	643
	夏季における休暇	1		59 (3.4%)	60
	盆休暇	1		26 (1.5%)	27
	運転免許更新			49 (2.8%)	49
	メーデー			3 (0.2%)	3
	祭り			9 (0.5%)	9

（注）１　「国に制度のない特別休暇等」の「夏季における休暇」は、夏季期間中において、夏季休暇とは別途付与している休暇等である。
　　　２　（　）は、団体区分中の割合である。
（参考）　平成31年４月１日現在の地方公共団体数は、都道府県47団体、指定都市20団体、市区町村1,721団体の計1,788団体である。
（出典：総務省「平成30年度地方公共団体の勤務条件等に関する調査結果」10頁、表５）

れます（地方公務員等共済組合法第70条の３）。

②　介護時間

介護時間とは、要介護者の介護をするため、１日の勤務時間の一部について勤務しないことが相当とされる場合の時間休暇です（条例準則第17条の２第１項）。介護時間は、連続する３年の期間内において、１日につき２時間を超えない範囲内で取得することができます。

なお、介護時間は、その勤務しない時間については、給与は支給されません（条例準則第17条の２第３項）。

③　民間労働者との法適用の違い

介護休暇や介護時間をはじめとする介護に関する休暇、勤務時間の特例制度は、民間労働者にも同様の仕組みがありますが、育児・介護休業法では、同法に定める民間労働者における介護に係る制度は地方公務員には適用せず、それにかわり図表18に掲げる条文が特例的に適用されています（育児・介護休業法第61条第１項）。

図表18　介護に関する休暇や勤務時間の特例制度の適用関係

制　度	地方公務員		民間労働者
	法律の根拠	期間・内容等	
介護休暇	育児・介護休業法第61条 第６項	介護を必要とする一の継続する状態ごとに３回を超えず通算して６月を超えない範囲内	育児・介護休業法第11条～16条（介護休業）
短期の介護休暇	育児・介護休業法第61条第16項	一の年において５日（要介護家族が二人以上の場合にあっては、10日）を限度	育児・介護休業法第16条の５～７
介護時間	育児・介護休業法第61条第32項	連続する３年の期間内において１日につき２時間を超えない範囲内	育児・介護休業法第23条第３項
所定外労働の制限	育児・介護休業法第61条第20項	所定外労働の免除	育児・介護休業法第16条の９
時間外労働の限度制限	育児・介護休業法第61条第24項	時間外労働の限度制限（１月24時間、１年150時間）	育児・介護休業法第18条
深夜勤務の制限	育児・介護休業法第61条第27項	深夜勤務の免除（午後10時～午前５時）	育児・介護休業法第20条

（小川友次・澤田千秋編著『地方公務員の〈新〉勤務時間・休日・休暇　第２次改訂版』学陽書房、平成29年、481頁～494頁を参考に作成）

第4章

離職に関する事項

本章のポイント

▶ 地方公務員の離職の全体像

職員が身分を失う離職には、一定の事由により行政処分を要せず当然に身分を失う失職と、行政処分の効果によって身分を失う退職とに分類されます。この離職の分類ごとの内容と、労務管理上の対応の留意点を解説します。

▶ 定年制度、再任用制度、定年引上げの動向と課題

職員の定年年齢、定年の延長の特例など、制度全体を解説します。

また、年金支給開始年齢の引上げによる雇用と年金の接続の必要性から実施されている、定年退職後の職員の再任用制度について、その仕組みを整理したうえで、公務員の定年年齢の引上げの動向と課題についても解説します。

第1節 離職の種類とその手続き

1 地方公務員の離職の種類

離職とは、職員がその身分を失うことを指します。地公法では、離職に関する統一的な規定はありませんが、離職の種類は、失職及び退職の場合に分類されます（図表１）。

図表１　離職の種類

内容	項目	具体的な事例
失職 （一定の事由により行政処分を要せず当然に離職）	欠格条項該当	地公法第16条に規定する欠格事由に該当（地公法第28条第４項）
	任用期間満了	・再任用の期間満了（地公法第28条の４、５） ・臨時的任用による任用期間の満了（改正地公法第22条の３） ・会計年度任用職員の任用期間の満了（改正地公法第22条の２）
	定年到来	・定年に達した日以後の年度末における退職（地公法第28条の２）
退職 （行政処分の効果によって離職）	辞職	・職員の自らの意思に基づく退職
	免職	・懲戒事由による職員の意に反する免職（地公法第29条） ・分限事由による職員の意に反する免職（地公法第28条第１項）
その他	死亡	・死亡による退職

（猪野積『地方公務員制度講義　第７版』第一法規、平成29年、84頁～97頁、橋本勇『新版逐条地方公務員法　第４次改訂版』学陽書房、平成28年、564頁～571頁を参考に作成）

2 失職

(1) 失職の場合の手続き

失職の場合、行政処分を待たずに当然に職を失います。この場合でも、職を失ったことの確認と本人に了知させるという意味で、辞令を交付することが適当とされています（昭和29年11月18日自丁発第192号）。

国家公務員の運用でも、職員が欠格事由に該当し失職した場合には、「失職となった事由を掲げる法令の条項に該当して失職した」と、任期の満了の場合には「任期の満了により○年○月○日限り退職した」と、それぞれ辞令を交付するとされています（人事院規則第53条第９号「人事異動通知書の様式及び記載事項について」別記第２　第19号、第23号）。

(2) 欠格条項該当による失職の手続きの際の留意事項

①　欠格条項該当者の採用から失職までの行為や給与

採用自体が無効となることから、その旨の通知を本人に行います。なお、採用から判明までの間に行われた行為については有効で、給与返還の必要もありません（昭和41年３月31日公務員課長決定）。

②　職員が禁錮以上の刑に処せられ欠格条項に該当した場合の懲戒処分

個々の事案内容により「禁錮刑以上の刑の確定を待ち失職とするか」「裁判結果を待たずに懲戒免職処分を先行するか」について、個別に判断することとなります（判断過程の詳細は本章第１節４を参照）。

③　失職の特例規定の取扱い

地公法では、失職の事由に該当する場合について、条例で失職の特例を定めることができるとされています（第28条第４項）。

この特例規定は、都道府県レベルで31団体で整備されています（埼玉県人事委員会「職員の失職の特例に関する報告及び意見」平成27年１月参照）。特例の対象者の範囲は、「公務中や通勤中の行為に限定する」「刑の執行が猶予された者に限定する」等、自治体によって様々となっています。

なお、この特例は、地公法の定める欠格事由を条例で限定する例外的な取扱いとなります。したがって、適用にあたっては被害の大きさ、被害者からの理解、職員の過失割合、反省度合い並びに勤務実績等を総合的に検討して慎重に判断することが望まれます。

3 退職

（1）辞職

①　辞職に関する民間労働者と地方公務員の違い

民間労働者の労働契約の終了は民法第627条が適用され、雇用に期間の定めがないときは、「各当事者は、いつでも解約の申入れをすることができ」「この場合において、雇用は、解約の申入れの日から二週間を経過することによって終了する」こととされています。

これに対し、地方公務員の任用は行政処分であるため、任命権者が辞職の願を承認してはじめて辞職の効果が生じるものとされています（昭和28年９月24日自行公発第212号）。

②　辞職の効力発生時期

退職の効力の発生時期は、交付された辞令に記載された日付の午後12時とされています。なお、この「辞令が交付されたとき」とは、現実的に本人が了知したときのほか、本人が了知し得べき状態に置かれたときを含むものとされています（「障害窃盗詐欺被告事件」昭和29年８月24日最高裁判決）。

（2）辞職の承認手続きの留意点

地公法上、辞職願の承認手続きについては特に定めはありません。以下、国家公務員、行政実例、労働法令の取扱いを踏まえた留意点を解説します。

①　願の様式

願の様式は、法律上、定められていませんが、以下の点に留意して、本人の退職の意思が明確にされているものか否かを確認する必要があります。

（ア）提出年月日の記載がない場合でも、職員の意思が明確に表示されている限り有効である。

（イ）形式上宛名が任命権者でなくても、実質的に任命権者宛に提出されていれば意思表示として効力を有する。

（ウ）代理人（使者である場合を除く）による退職願は無効である。

（エ）強迫によりなされた退職願は、無効である。

（オ）精神疾患を有する職員が病気の性質により一時的に平常である場合に、その時点で提出された退職願は承認することができる。

②　承認のために特に支障がある場合

職員から提出された願を承認することについて、人事院規則８－12第52条では「特に支障がない場合、これを承認するもの」とされています。ここでいう特に支障がある場合には次の事項が該当し、その承認を留保することができます。

（ア）ただちに後任者を補充することが困難で、離職により公務の運営に重大な支障をきたすおそれがある場合

（イ）懲戒免職等の処分に付すべき相当の事由がある場合

なお、承認留保期間は、職員の「退職の自由」を確保するため必要最小限の期間とするべきとされています。

③　願の撤回への対応

願が提出されたのち、発令までの間、その願が撤回される場合があります。この場合、辞令交付前に辞職の意思を撤回することは当該職員の自由ですが、撤回することが信義に反すると認められるような特段の事情がある場合は、撤回は許されないとされています（「解職処分取消請

求上告事件」昭和34年６月26日最高裁判決）。

民間企業での裁判例では、承認権限のある者が承諾するまでであれば、辞職の撤回ができるとの判断がされていますが、実務上では、撤回の時期・動機、後任の人員配置にかかる準備の状況等から個別に判断していくこととなります。

④　残った年次有給休暇の取扱い

辞職する職員から、残った年次有給休暇を全て取得する旨の申し出がなされる場合があります。使用者には、年次有給休暇の取得時期を、事業の正常な運営を妨げる場合に限って変更できる「時季変更権」がありますが（労基法第39条第５項）、辞職する職員にはこの権利を行使する余地はありません（昭和49年１月11日基収第5554号）。

このような場合に備え、適切な業務引継ぎにより公務運営の継続の確保を図ることについて職員に理解してもらうこと、服務規程に退職の場合における業務引継ぎを規定しておくことで、日頃から引継ぎに対する意識付けを行っておくことも有効な対策です。

なお、年次有給休暇を与えることが可能な日は、勤務を割り振られた日に限られ、土日祝日などを年次有給休暇としてカウントすることはできません。

4　免職

（1）免職の種類

免職には、懲戒事由による職員の意に反する免職（地公法第29条）と分限事由による職員の意に反する免職（地公法第28条第１項）があります。図表２は、それぞれの免職処分と民間労働者の解雇とを比較し整理したものです。

図表２　民間の「解雇」と公務員の「免職」の比較

民　間	公　務
○普通解雇 ・制裁的なものではない ・通常、退職金支給	○分限免職 ・制裁的なものではない ・退職手当支給
○一般の普通解雇 労働者の ・勤務実績の不良 ・傷病のための労働能力の喪失 ・適格性の欠如　など	○１号～３号免職 ・勤務実績不良（１号） ・心身の故障（２号） ・その他適格性欠如（３号）
○整理解雇 ・使用者の経営上の必要によるもの	○４号免職 ・廃職・過員
○懲戒解雇 ・制裁的なもの ・通常、退職金不支給	○懲戒免職 ・制裁的なもの ・退職手当不支給

（出典：人事院「国家公務員の分限制度について（レジュメ）」２頁）

(2) 懲戒処分

①　懲戒処分の目的と事由

懲戒処分とは、職員の一定の義務違反に対する道義的責任を問うことにより、公務における規律と秩序を維持することを目的とする行政処分です。懲戒処分は、職員の意に反して不利益な身分取扱いを行うものであることから、地公法では処分について「すべて職員の分限及び懲戒については、公正でなければならない」「職員は、この法律で定める事由による場合でなければ、懲戒処分を受けることがない」とされています（第27条第１項、第３項）。

任命権者は、職員が次の事項に該当する場合、懲戒処分として戒告、減給、停職又は免職の処分をすることができます（地公法第29条第１項各号）。

（ア）この法律若しくは第57条に規定する特例を定めた法律又はこれに基く条例、地方公共団体の規則若しくは地方公共団体の機関の定める規程に違反した場合

（イ）職務上の義務に違反し、または職務を怠った場合
（ウ）全体の奉仕者たるにふさわしくない非行のあった場合

②　懲戒処分の種類と効果

地公法に定められる懲戒処分の種類と効果は、図表３のとおりです（第29条第１項）。なお、これらの処分のほか、職員の義務違反について、懲戒処分を科すほどではないが不問にふすことは適当ではない場合には、本人の反省を求め矯正を図るため、訓告や厳重注意等の措置がとられます。

図表３　懲戒処分の種類と効果

名称	内容	効果	随伴効果
戒告	規律違反の責任を明確にし、将来を戒める	―	処分の種類に応じて、昇給・昇格や期末・勤勉手当、昇任、退職手当などで不利益な影響がある
減給	一定期間、給料の一定割合を減額して支給	１日以上６月以下給料及びこれに対する勤務地手当の10分の１以下を減ずる。	
停職	一定期間職務に従事させない	１日以上６月以下とする。 その間、給与は支給されない。	
免職	職員の職を失わせる	職を失う。退職手当を原則支給しないことができる。	

（効果については「職員の懲戒及び効果に関する条例案」昭和26年７月７日地自乙発第263号を参考に作成）

③　懲戒処分の量定

懲戒処分の対象となる行為を類型化して事前に示すことは、任命権者及び職員双方の処分への予見性が確保され、結果的に非違行為の防止に効果があります。

国家公務員の非違行為に対する懲戒処分については、人事院で代表的な事例を掲げた指針を設け、各省庁に通知しています。また、これを参考に、多くの自治体で同様の指針や規定が設けられています（平成12年

３月31日職職―68)。

④　懲戒処分の決定手続きにかかる留意点

（ア）懲戒処分に関する諸原則

懲戒処分は、使用者による労働者に対する制裁罰であり、刑事罰と類似の機能を持つことから、刑罰に関する諸原則が適用されます（図表４）。

図表４　懲戒処分に適用される刑罰諸原則

不遡及の原則	問題の行動をとった時点で懲戒の定めがなかったにもかかわらず、後日、就業規則を作成・変更して懲戒処分とすることはできない
一事不再理の原則	すでに懲戒処分を受けた行為について、重ねて懲戒処分とすることはできない
平等取扱いの原則	同程度の行為について、不平等な処分を行うことはできない
相当性の原則	軽微な違反に対して不利益が著しい処分を行ってはならない
適正手続きの原則	就業規則に定められている手続きを踏まなかったり、本人に弁明の機会を与えなかったり、証拠不十分のまま処分することはできない

（出典：一般社団法人日本経済団体連合会『2019年版　日本の労働経済事情―人事・労務担当者が知っておきたい基礎知識―』経団連出版、令和元年、102頁、２．懲戒処分に要請される諸条件、一部改変）

（イ）処分書及び処分説明書の職員に対する交付

不利益な処分を行う場合においては、その職員に対し処分の事由を記載した説明書を交付しなければなりません（地公法第49条第１項）。

懲戒処分は、その旨を記載した書面を当該職員に交付して行う要式行為であり、書面が相手方に到達したときに効力が発生します（到達主義）。このため、対象職員本人に交付することが最も適当ですが、交付ができない事情がある場合には、配達の証明ができる郵送や公示送達等の手続きをとる必要があります。

また、処分説明書には、当該処分につき、人事委員会又は公平委員会に対して審査請求をすることができる旨及び審査請求をすることができる期間を記載する必要があります（地公法第49条第４項）。

なお、条件付採用期間中の職員、臨時的任用職員、企業職員、単純労務職員にはこれらの規定の適用がありません（地公法第29条の２、地公企法第39条第１項、地公労法第17条第１項、附則第５項）。

(ウ) 懲戒処分に係る労働法の諸規定

（ａ）解雇禁止期間（労基法第19条）

職員が公務上負傷し、又は疾病にかかり療養のために休業する期間、及びその後30日間、並びに産前産後休暇期間、及びその後の30日間は解雇することはできません。

（ｂ）解雇予告および予告手当の支払い（労基法第20条）

職員を解雇しようとする場合においては、少なくとも30日前に解雇の予告が必要です。また、30日前に解雇予告をしない場合は30日分以上の平均賃金を支払わなければなりません。予告手当の支払時期は「解雇の申渡しと同時に支払う」とされています（昭和23年３月17日基発第464号）。

ただし、天災事変その他やむを得ない事由のために事業継続が不可能となった場合、又は職員の責に帰すべき事由に基づいて解雇する場合で行政官庁の認定を受けた場合は、予告手当の支払は不要となります。この場合、認定先となる行政官庁は職員が従事する事業によって異なり、労基法別表第１第１号から第10号及び第13号から第15号までに掲げる事業に従事する職員については、労働基準監督署長、それ以外の職員については、人事委員会（人事委員会をおかない場合はその長）となります。

なお、行政実例では、一般的に懲戒事由は、労基法上の「労働者の責に帰すべき事由」に該当するものと解されるので、懲戒免職処分を行う場合には、一定の条件のもと、原則として解雇予告及び予告手当の支給は必要ないものと解釈されています（昭和27年５月13日地自公発第149号）。

除外認定に該当する事由（労働者の責に帰すべき事由）

予告期間を置かずに即時に解雇されてもやむを得ないと認められるほどに重大な服務規律違反又は背信行為をした場合（昭和23年11月11日基発第1637号、昭和31年３月１日基発第111号）。

（例）

・事業場内における盗取、横領、傷害等刑法犯に該当する行為（原則として極めて軽微なものを除く）があった場合

・原則として２週間以上正当な理由なく無断欠勤し、出勤の督促に応じない場合、出勤不良又は出勤常ならず、数回にわたって注意を受けても改めない場合

（ｃ）減給処分の限度（労基法第91条）

「減給の制裁を定める場合においては、その減給は、１回の額が平均賃金の１日分の半額を超え、総額が一賃金支払期における賃金の総額の10分の１を超えてはならない」とされています。この規定は企業職員及び単純労務職員には適用されるため、処分量定を決定する際には留意する必要があります（地公企法第39条、地公労法第17条第１項、同法附則第５項）。

（エ）非違行為が刑事事件に該当する場合の取扱い

職員の非違行為が刑事事件に該当する場合で、刑事処分や司法判断が行われていないときは、その手続きの完了後に処分を実施することが原則となります。これは、任命権者が実施する調査には限界があること、すでに懲戒処分を受けた行為について重ねて懲戒処分を行うことはできない、一事不再理の原則があることを踏まえたものです。

ただし、行政実例では「事件の取り調べが完了し刑事又は司法処分の決定が明らかになるまで処分を留保する必要はない」とされていますので、事実関係の確定状況や迅速な処分実施の必要性によって、刑事又は司法処分の決定前でも懲戒処分を実施することは可能です（昭和26年12月20日地自公発第557号）。

なお、懲戒処分の決定までの間の職員の取扱いについては、逮捕から起訴前は年次有給休暇の取得(本人からの申し出が前提)、起訴後は起訴休職として取り扱うこととなります(地公法第28条第２項第２号)。

⑤　処分の公表

懲戒処分の実施後、その処分内容を公表することとなりますが、その際、事実関係の公表範囲については、プライバシー確保の観点から、その公表方法を慎重に検討する必要があります。

具体的には、当該事案の社会的影響、被処分者の職責等を勘案して公表対象、公表内容等について個人名を伏せる、事案については場所の特定をしないよう概要のみ記述する、などの方法が考えられます。

なお、人事院では、国家公務員の懲戒処分の公表を行う際の参考に供することを目的として、懲戒処分の公表指針を作成しています（平成15年11月10日総参－786参照)。

⑥　懲戒処分に対する救済

懲戒処分は、職員にとって不利益処分であり、処分に不服がある場合には、人事委員会又は公平委員会に対して審査請求ができます（地公法第49条の２)。この審査請求は、処分があったことを知った日の翌日から起算して３月以内にしなければならず、処分があった日の翌日から起算して１年を経過したときは、請求できません（地公法第49条の３)。

人事委員会又は公平委員会は、審査請求を受理したときは、直ちにその事案を審査することとされ、その手続き及び審査の結果とるべき措置に関し必要な事項は、人事委員会規則又は公平委員会規則で定めなければならないとされています（地公法第50条、第51条)。

また、不利益処分についての取消しの訴えは、審査請求に対する人事委員会又は公平委員会の裁決を経た後でなければ、提起することはできません（地公法第51条の２)。

なお、これらの規定は、条件付採用期間中の職員、臨時的任用職員、企業職員、単純労務職員には適用されません（地公法第29条の２、地公企法第39条第１項、地公労法第17条第１項、附則第５項)。

（3）分限処分

①　分限処分の内容と種類

分限処分とは、職員の身分保障を前提として、公務能率の向上と維持のために、一定の事由がある場合に身分上の変動をもたらす処分をいいます。職員の義務違反に対する制裁としての性格を持つ懲戒処分とは、性格が異なります。

地公法第27条第２項では、「職員は、この法律で定める事由による場合でなければ、その意に反して、降任され、若しくは免職されず、この法律又は条例で定める事由による場合でなければ、その意に反して、休職されず、又、条例で定める事由による場合でなければ、その意に反して降給されることがない」とし、その種類と事由を第28条で規定しています（図表５）。

図表５　分限処分の種類と事由

<table>
<tr><th>項目</th><th>内容（地公法第27条第２項）</th><th>事由（地公法第28条）</th></tr>
<tr><td>免職</td><td>職員の意に反してその職を失わせる処分
※懲戒免職と異なり退職金は支給される</td><td rowspan="2">・人事評価又は勤務の状況を示す事実に照らして、勤務実績がよくない場合（第１項第１号）
・心身の故障のため、職務の遂行に支障があり、又はこれに堪えない場合（第１項第２号）
・その他その職に必要な適格性を欠く場合（第１項第３号）
・職制若しくは定数の改廃又は予算の減少により廃職又は過員を生じた場合（第１項第４号）</td></tr>
<tr><td>降任</td><td>任命されている職より下位の職制の段階に属する職員の職に任命する処分</td></tr>
<tr><td>降給</td><td>現に決定されている給料の額よりも低い額に決定する処分
※降号（級内の下位の号給への変更）と降格（下位の職務の級への変更）がある</td><td>・条例で定める事由</td></tr>
<tr><td>休職</td><td>職を保有したまま一定期間職務に従事させない処分</td><td>・心身の故障のため、長期の休養を要する場合（第２項第１号）
・刑事事件に関し起訴された場合（第２項第２号）</td></tr>
</table>

（地公法をもとに作成）

②　分限処分の手続きと運用

地公法では、「職員の意に反する降任、免職、休職及び降給の手続及び効果は、法律に特別の定めがある場合を除くほか、条例で定めなければならない」（第28条第3項）とされ、各自治体では分限処分に係る手続き及び効果に関する条例が定められています。

この手続きは自治体によって様々ですが、国家公務員における分限処分の手続き（人事院規則11－4、同規則の運用通知）では概ね図表6に掲げる流れで行うこととされています。

③　分限処分に対する救済措置

分限処分に対する救済措置や処分理由書の交付については、懲戒処分

図表6　分限処分の手続きの流れ

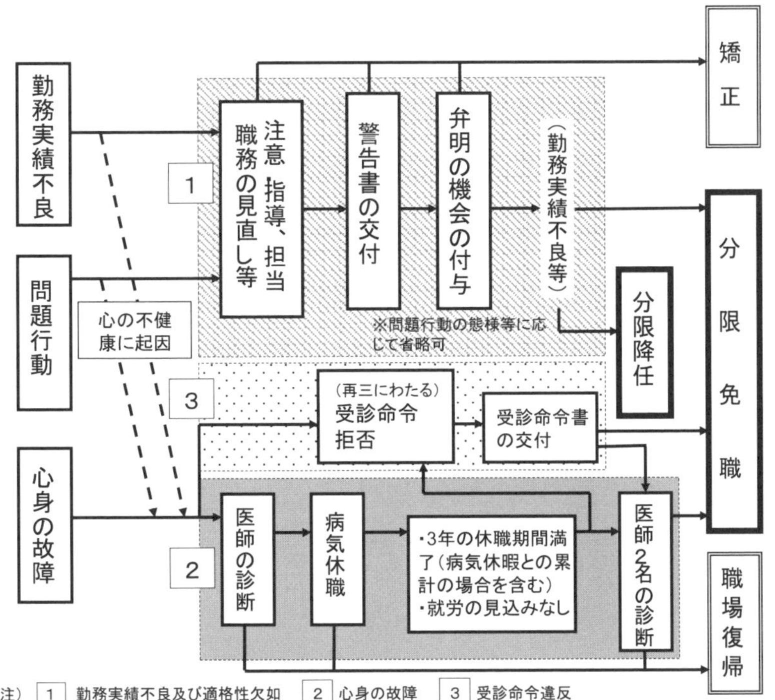

（注）1 勤務実績不良及び適格性欠如　2 心身の故障　3 受診命令違反

（出典：人事院「国家公務員の分限制度について（レジュメ）」6頁）

の規定と同様です（140頁～141頁、143頁参照）。

④　解雇禁止期間、解雇予告手当

解雇禁止期間や解雇予告制度についても、懲戒処分と同様です。ただし、解雇予告制度については、免職される職員に退職手当が支払われる場合であって、退職手当条例に退職手当に解雇予告手当が含まれていることが明確となっていれば、別途予告手当を支払う必要はありません。

職員の退職手当に関する条例（東京都の例）

（予告を受けない退職者の退職手当）

第12条　職員の退職が労働基準法（昭和22年法律第49号）第20条及び第21条（中略）の規定に該当する場合におけるこれらの規定による給与は、一般の退職手当に含まれるものとする。ただし、一般の退職手当の額がこれらの規定による給付の額に満たないときは、一般の退職手当のほかその差額に相当する金額を退職手当として支給する。

第2節 定年退職と再任用制度

Ⅰ 地方公務員の定年退職制度

（1）定年制度

定年制度は、職員の年齢による退職を前提にして、採用や昇任などの計画的な定員管理を行い、組織の新陳代謝を図ることでその活力を維持すること、退職年齢を明確にして職員が安心して公務に専念できる環境を整備することにより、能率的な公務運営を実現することを目的とした制度です。

地公法では、「職員は、定年に達したときは、定年に達した日以後における最初の３月31日までの間において、条例で定める日（以下「定年退職日」という。）に退職する」（第28条の２第１項）とされ、定年年齢は「国の職員につき定められている定年を基準として条例で定めるものとする」（同条第２項）とされています。

なお、定年制度は、臨時的任用職員、任期付職員、会計年度任用職員には適用されません。

また、民間企業では、高年齢者等の雇用の安定等に関する法律第８条の規定により、定年年齢を定める場合には原則60歳を下回ることができないこととされています。

国家公務員の定年（国家公務員法第81条の２第２項）

原則60歳

ただし、次に掲げる職員については、以下の定年年齢である。

・病院、療養所、診療所等に勤務する医師、歯科医師等…65歳
・守衛、巡視、用務員、労務作業員等…63歳
・職務と責任に特殊性があること又は欠員の補充が困難で定年を60歳とすることが著しく不適当と認められる官職で人事院規則で定めるもの…61歳～65歳（現行62歳、63歳、65歳の定年が定められている官職がある。）

(2) 定年延長

定年に達した職員について、その職員の職務の特殊性又はその職員の職務の遂行上の特別の事情からみて、その退職により公務の運営に著しい支障が生ずると認められる十分な理由があるときは、条例で定めるところにより、その職員に係る定年退職日の翌日から起算して１年を超えない範囲内で期限を定め、その職員を当該職務に従事させるため引き続いて勤務させることができることとしています（地公法第28条の３第１項)。なお、延長できる期間は最長３年間です。

(3) 退職後の管理

退職後は職員と自治体との任用関係はなくなるものの、退職後に就いた営利企業と退職前の職務の関係において、公務の公正性が疑われることはあってはなりません。

この点について、国家公務員における不祥事をきっかけとして、地方公務員についても、退職管理の適正確保を図る措置を行うための地公法改正が行われ、平成28年４月から施行されています（図表７)。

図表７　地方公務員の退職管理の適正確保

１　元職員による働きかけの禁止

営利企業等に再就職した元職員に対し、離職前の職務に関して、現職職員への働きかけを禁止する。

禁止の主な内容
・在職していた地方公共団体と再就職先との間の契約又は処分であって離職前５年間の職務に関し、離職後２年間、職務上の行為をするように、又はしないように現職職員に要求・依頼すること
・幹部職員であった者についての特例（離職前５年より前の職務に関する働きかけの規制）等
・罰則…働きかけをした元職員　→10万円以下の過料
不正な行為をするように働きかけをした元職員
→１年以下の懲役又は50万円以下の罰金
働きかけに応じて不正な行為をした職員
→　〃

２　退職管理の適正を確保するための措置

地方公共団体は、国家公務員法の退職管理に関する規定の趣旨及び当該地方公共団体の職員の離職後の就職の状況を勘案し、退職管理の適正を確保するために必要と認められる措置を講ずるものとする。

国家公務員法の退職管理に関する規定
再就職あっせんの規制、現職職員の求職活動の規制、再就職状況の公表　等
参考　再就職状況の公表を行っている団体（平成28年４月１日時点）
都道府県：47／47団体（100％）指定都市：20／20団体（100％）市区町村：262／1,721団体（15.2％）

３　再就職情報の届出

条例により、再就職した元職員に再就職情報の届け出をさせることができるものとする。

届出の概要
・条例で定める内容…対象者、届出の義務付け期間、届出事項　等
・罰則…10万円以下の過料（条例事項）

４　その他

働きかけの規制違反に対する人事委員会又は公平委員会による監視体制を整備するとともに、不正な行為をするよう働きかけた元職員への罰則などを設ける。

人事委員会（公平委員会）の監視機能
元職員による働きかけを受けた職員から届出を受けること、任命権者に調査を要求すること　等

罰則
・上記１及び３のとおり
・不正な行為を見返りとする再就職のあっせん、求職活動等をした職員→３年以下の懲役

（出典：総務省「地方公務員の退職管理の適正の確保」）

2 再任用制度

(1) 再任用制度の目的

定年退職した地方公務員の再任用制度は、国家公務員の再任用制度と権衡を保ちながら運用されています。

国家公務員の再任用制度の仕組みは、「国家公務員の雇用と年金の接続について」（平成25年３月26日閣議決定）の考え方をもとに定められています。この閣議決定では、平成25年度以降、公的年金の報酬比例部分の支給開始年齢が段階的に60歳から65歳へと引き上げられることに伴い、無収入期間が発生しないよう国家公務員の雇用と年金の接続を図ること、人事の新陳代謝を図り組織活力を維持しつつ職員の能力を十分活用していくため、定年退職する職員が公的年金の支給開始年齢に達するまでの間、再任用することとされています。

地方公務員についても、この閣議決定の内容を受けて、総務副大臣より「地方公務員の雇用と年金の接続について」（平成25年３月29日）が発出され、その趣旨と留意事項が示されています（図表８）。

(2) 再任用制度の概要

自治体での再任用制度は、各自治体で定めた条例により運用されています。（地公法第28条の４、５）

①　対象者

再任用の対象となる者は、定年退職者及び勤務延長後に退職した者のほか、定年退職日以前に退職した者のうち、勤続期間等を考慮してこれらに準ずるものとして条例で定められた者が対象となります。このほか具体的な要件は条例で定めることになります（地公法第28条の４、５）。

②　任用の方法

再任用は、従前の勤務実績等に基づく、任命権者による新たな同意を必要とする行政行為としての任用です。このため、再任用の際は、辞令

図表８　地方公務員の雇用と年金の接続

《「地方公務員の雇用と年金の接続について」(平成25年３月29日・総務副大臣通知)》

➢現行の地方公務員法に基づく再任用制度を活用して、雇用と年金の接続を図るよう、地方公共団体へ以下のことを要請。

●定年退職する職員が再任用を希望する場合、当該職員の任命権者は、年金支給開始年齢に達するまで、当該職員をフルタイムで再任用。ただし、職員の年齢別構成の適正化を図る観点から(＝新規採用を確保したい等)フルタイム再任用が困難であると認められる場合、又は当該職員の個別の事情(＝短時間を希望等)を踏まえて必要があると認められる場合には、短時間での再任用が可能。

●再任用希望者が分限免職事由※に該当する場合、上記は適用しないこと。

※職員が次のいずれかに該当するときは、その意に反して免職又は降任することが可能。
・勤務実績が良くない場合
・心身の故障のため、職務の遂行に支障があり、又はこれに堪えない場合　など

●公正かつ客観的な人事評価システム等を活用し、また、これが未整備の地方公共団体については、その構築に早急に取り組み、能力・実績に基づく人事管理の推進を図られたいこと。

●現行の再任用制度に関して、未だ条例を制定していない団体においては速やかに制定を図られたいこと。

【参考】今後の地方公務員の雇用と年金接続の在り方
再任用の実施状況を検証し、国家公務員に係る検討に合わせて、改めて検討することとしている。

(出典：総務省「雇用と年金の接続の動きについて」)

交付による任命行為や服務の宣誓等の任用手続きが必要です。なお、条件付採用の規定は適用されません（地公法第28条の４第５項）。

③　任期

再任用の任期は、１年を超えない範囲内で定められ、通常４月１日から３月31日の任期になります。また、直前の年度での任期に勤務実績が良好である場合には、あらかじめ本人の同意を得た上で、更新も可能です。

なお、更新の限度は、職員が65歳に達する日以後の最初の３月31日となります（地公法第28条の４第２項～第４項、第28条の５第２項）。

④　勤務時間

再任用職員の勤務時間は、週38時間45分のフルタイム勤務のほか、週

15時間30分から31時間までの範囲内の時間での短時間勤務となり、各自治体の勤務時間条例で定めます。

なお、国家公務員においては図表９に示すような柔軟な勤務形態が可能とされています。

⑤　休暇

再任用職員の休暇は、定年前の職員と同様のもの（年次有給休暇、病気休暇、特別休暇及び介護休暇等）が付与されます。ただし、短時間勤務職員の年次有給休暇は、勤務時間等を考慮して、その職員の勤務形態に応じて、20日を超えない範囲内で日数の調整が行われます。

⑥　給料

再任用職員の給料は、職務の級ごとに設定した一律の額となることが原則とされ、昇給はありません。なお、短時間勤務職員については、勤務時間に応じて減額されるため、38時間45分に対する１週間あたりの勤務時間の割合を乗じて得た額とされます（１円未満の端数は切捨て）。

⑦　手当

再任用職員の手当は、時間外手当や特殊勤務手当など、勤務時間や内容に応じて支払われるもの、通勤手当などの実費弁償を伴うものは支給

図表９　短時間勤務職員の週休日・勤務時間の割振り

短時間勤務職員の週休日・勤務時間の割振り（原則）
○週休日は、土日を含む2日以上　○勤務時間は、1日7時間45分以内

短時間勤務職員の勤務時間の割振り例（勤務時間が1週間当たり23時間15分と定められた場合）

	月	火	水	木	金	土	日
例①	7時間45分	週休日	7時間45分	週休日	7時間45分	週休日	週休日
例②	6時間	6時間	6時間	5時間15分	週休日	週休日	週休日
例③	5時間	5時間	5時間	5時間	3時間15分	週休日	週休日

（出典：人事院「国家公務員の再任用制度」2019年、３頁）

されます。ただし、扶養手当、住居手当、退職手当など長期継続雇用を前提にした手当は支給されません。

⑧　服務・災害補償等

再任用職員の服務や災害補償等の取扱いは、基本的に定年前の職員と同様です。ただし、再任用短時間勤務の職員の営利企業への従事については、副大臣通知で以下のような弾力的な取扱いが認められていましたが、法改正によりこれまで必要であった許可手続が不要となりました（改正地公法第38条の２第１項。令和２年４月１日施行）。

> 【「地方公務員の雇用と年金の接続について」（平成25年３月29日総行高第２号）】
>
> ５　多様な働き方を求める60歳を超える職員が、勤務時間以外の時間を活用して、希望する人生設計の実現に資するため、職員が培ってきた多様な専門的知識や経験を活かした活動や新たな分野での活動を行うことを希望する場合には、公務の遂行等に支障が生じない範囲内で適切な配慮を行うことに留意いただきたいこと。
>
> 再任用短時間勤務職員に対する営利企業等の従事の許可については、公務に支障を来したり、公務の信用を失墜させたりするなどのおそれがないよう十分留意しつつ、再任用短時間勤務職員の勤務形態等を勘案して必要に応じ弾力的な運用を行うことが可能であること。
>
> （後略）

⑨　社会保険・雇用保険等

再任用職員の社会保険・雇用保険等への加入は、フルタイム勤務職員と短時間勤務職員の区分で異なります（図表10）。

図表10　再任用職員の社会保険・雇用保険等

区　分	医療保険及び年金保険	雇用保険
フルタイム勤務職員	共済組合	加入
短時間勤務職員	以下の条件を全て満たす場合、健康保険・厚生年金保険に加入。その他は国民健康保険等 ①１週間の勤務時間が20時間以上であること ②雇用期間が継続して１年以上見込まれること ③月額賃金が8.8万円以上（年収106万円以上）であること ④学生でないこと	以下の条件を満たす場合に加入 31日以上引き続いて雇用される見込みであり、１週間当たりの勤務時間が20時間以上である者

（人事院「国家公務員の再任用制度」2019年、10頁・12頁を参考に作成）

3 定年引上げ

（1）定年引上げの必要性

少子高齢化の急速な進展に伴い若年労働力の人口の減少が続くなか、複雑かつ高度化する行政の諸課題に適切に対応し、質の高い行政サービスを維持していくためには、意欲と能力のある高齢職員の活躍の場を創出することが不可欠です。

これまで、定年退職者の任用は、雇用と年金の接続の観点からの再任用制度が実施されていますが、定年退職前よりも下位の職に任用され処遇も下がり、意欲をもって能力を発揮する仕組みとしては限界がありました。

このような背景のもと、人事院において国家公務員の定年引上げについての検討が進められ、平成30年８月には内閣に対し、具体的な制度内容について意見の申し入れがされました。そして、この意見の内容をもととした定年引上げに関する国家公務員法及び地公法の改正案が令和２年度通常国会に提出される予定となっています。

なお、民間企業では、65歳までの雇用を事業主に義務付けている高齢者雇用安定法の改正が検討されており、70歳までの就業機会の確保に関して、従来からの定年廃止、定年延長、継続雇用制度に加え、他企業への再就職や起業支援など多様な選択肢を整える方向となっています（「経済財政運営と改革の基本方針2019」（令和元年６月21日）閣議決定）。

（2）自治体への影響

地方公務員の定年年齢は、「国の職員に定められている定年を基準として条例で定めるものとする」（地公法第28条の２第２項）とされ、国家公務員の定年引上げの内容を踏まえて、条例改正を行っていくこととなります。

ただ、職員の年齢構成などの人員状況は自治体によって異なっていることから、それぞれの実情と国家公務員の具体的な取扱いとの均衡を図りながら、制度設計を進めていくこととなります。加えて、定年引上げは職員の生涯設計への影響が非常に大きいことから、職員への速やかな情報提供や職員組合との協議も必要となります。

ここでは、現段階で示されている定年引上げの内容案のポイントと、筆者の考える自治体における主な検討事項を示します。

定年引上げの内容

①定年の見直し

・国家公務員の定年の見直しに合わせ、地方公務員の定年についても、60歳から65歳まで段階的に引上げ

②役職定年制の導入

・組織の新陳代謝を確保し、組織活力を維持するため、一定年齢で管理職から降任等する役職定年制を導入。

・対象職員は、原則として管理職手当の支給対象者（部長、課長等）で、条例で規定。

・役職定年年齢は、原則60歳で、条例で規定

・役職定年制の制度趣旨に反しない範囲で例外措置を設けることができる。

③60歳以上の職員の給与
・国家公務員の60歳以上の職員の年間給与が60歳前の７割水準に設定されることを踏まえ、均衡の原則に基づき、条例において必要な措置を講ずるよう要請
④定年前再任用短時間勤務制の導入
・現行の再任用制度は廃止した上で、60歳以上の職員が一旦退職した後、希望に基づき短時間勤務できる制度（定年前再任用短時間勤務制）を導入
⑤能力・実績に基づく人事管理の徹底
・人事評価に基づく昇進管理の厳格化
・勤務実績不良の職員の厳正な分限処分
（総務省「公務員部関係資料」全国都道府県財政課長・市町村担当課長合同会議、令和２年１月24日、資料22、12頁をもとに作成）

自治体における主な検討事項

１）役職定年制による降格ルール、例外となる要件の設定
○役職定年制の対象となる管理職手当の支給対象者の降格ルールの策定が必要となる。
○国家公務員の制度設計では、降格後の職員の専門スタッフ職や課長補佐級ポストでの活用が検討されているが、自治体ごとに職制や職員構成が異なることから、その実情にあったルールを定める必要がある。
○役職定年制の例外となる要件についても定める必要がある。
２）60歳を超える職員の役割の設定
○定年引上げの目的は、高年齢層の職員が能力と経験を活かし意欲をもって活躍することができる仕組みを作ることである。この点、国の制度設計では職員の年間給与が60歳前の７割水準となることを踏まえ、意欲を削ぐものとならないような役割を付

与していく必要がある。
○段階的引上げ期間中は、「定年引上げ後に60歳に到達した職員（フルタイム）」、「定年引上げ後に定年前再任用職員を選択した職員（短時間）」「定年引上げ前に既に再任用されている職員（フルタイム、短時間）」のそれぞれの任用形態が併存することとなる。このため、それぞれの給与水準と役割のバランスを図ることが課題となる。
３）能力実績に基づく人事管理の徹底等
○定年年齢の引き上げにより60歳以降の職員給与水準は改善する一方で、人件費の増加や職員定数上の制約からの採用者数の減少が懸念される。これについては、国から示されている能力実績に基づく人事管理の徹底のほか、業務効率化や人員の見直しを併せて行っていく必要がある。

第5章

非正規職員に関する法制度・ハラスメント防止対策

本章のポイント

▶ 会計年度任用職員に関する事項

これまで自治体ごとの任用根拠にバラつきがあった非常勤職員の任用は、地公法の改正により会計年度任用職員制度に統一されました（令和２年４月１日施行）。

改正地公法及び総務省から示された「会計年度任用職員制度の導入等に向けた事務処理マニュアル」の内容に加え、改正地公法に影響を与えた「短時間労働者及び有期雇用労働者の雇用管理の改善等に関する法律」の改正事項について解説します。

▶ 労働者派遣法の改正内容と実務への影響

働き方改革関連法では、労働者派遣事業の適正な運営の確保及び派遣労働者の保護等に関する法律も改正され、派遣労働者の待遇に関する取扱いが変更されました（令和２年４月１日施行）。

今回の改正事項を踏まえた派遣労働者の受入れに関する留意点を解説します。

▶ ハラスメントの防止対策の現状と今後の対応

地方公務員に関するハラスメント防止対策は、男女雇用機会均等法などの法令による対策に加え、国家公務員に関する対策を定めた人事院規則も参考にしながら実施されています。

現状のハラスメント対策に加えて、新たに必要となったパワーハラスメント対策について解説します。

第１節 会計年度任用職員に関する事項

Ⅰ これまでの臨時・非常勤職員の制度と課題

(1) これまでの制度の概要

令和２年４月改正施行前の臨時・非常勤職員の制度は、図表１のとおりです。

図表１　令和２年４月改正施行前の臨時・非常勤職員に係る制度

	特別職非常勤職員	一般職非常勤職員	臨時的任用職員
	地公法第３条第３項第３号	地公法第17条	地公法第22条第２項・第５項
	主に特定の学識・経験を必要とする業務	補助的な業務	緊急・臨時の業務
任期	原則１年以内 （再度の任用はありうる） （通知）	原則１年以内 （再度の任用はありうる） （通知）	６月以内 更新は１回限り （最長１年） （再度の任用はありうる） （法22条）
採用方法	規定なし	試験又は選考	規定なし
服務	地公法適用なし	地公法適用あり	
給与	常勤の職員には給料と手当を、非常勤の職員には報酬と費用弁償を支給　（自治法第203条の２、第204条）		

（総務省「地方公務員の臨時・非常勤職員及び任期付職員の任用等の在り方に関する研究会報告書」平成28年12月27日　参考資料　資料１～３を参考に作成）

（2）任用上の課題

臨時・非常勤職員の任用については、これまで以下の課題が指摘されてきました。

①　通常の事務職員や労働者性の高い者を「特別職」で任用

特別職非常勤としての任用者数は平成28年度には22万人にのぼり、補助的・定型的な業務を行う通常の事務職員や労働者性の高い職での任用が多くなっていました。本来一般職で任用されるべき職を特別職として任用することには、秘密保持など地公法の服務規定が適用されないなどの問題が生じていました。

②　採用方法等の不明確さによる一般職非常勤としての任用の遅れ

一般職の非常勤職員は地公法第17条の規定に基づく任用ですが、地公法上、その職の類型・任期・採用方法が規定されておらず、任用が進まない実態がありました。また、成績主義に基づく任用の特例である臨時職員の任用を漫然と繰り返す自治体もありました。

③　労働者性の高い非常勤職員に対する期末手当の不支給

法律上、非常勤の職員には手当を支給することはできませんでした（自治法第203条の２）。この点は、すでに期末手当を支給されている国家公務員の非常勤職員である期間業務職員との不整合が生じていること、同一労働同一賃金を目指す民間労働法制（以下、パート労働法）の改正との整合を図っていく必要がありました。

2　非正規職員の任用根拠の明確化の概要

臨時・非常勤職員に係る制度上の課題が指摘される中で、平成28年７月に総務省が設置した「地方公務員の臨時・非常勤職員及び任期付職員の任用等の在り方に関する研究会」で、前述の課題に関する検討が進められました。そして、同年12月に出された報告書の方向性をもとに、「地方公務員法及び地方自治法の一部を改正する法律案」が閣議決定され、改正法が平成29年５月11日に成立、同月17日に公布されました（令和２年４月１日施行）。改正法の概要は次のとおりです。

(1) 特別職非常勤職員の任用の適正確保

改正地公法第３条第３項第３号に掲げる特別職（図表２）について、「専門的な知識経験又は識見を有する者が就く職であって、当該知識経験又は識見に基づき、助言、調査、診断その他総務省令で定める事務を行うものに限る」とされ、その任用が厳格化され、職の範囲が具体化されました。

改正法の施行に伴い、これまで特別職で任用されていた事務補助職員、保育士、勤務医、看護師、臨床心理士、清掃作業員、消費生活相談員、地域おこし協力隊員などの職については、一般職である会計年度任用職員に移行する必要があります。

(2) 臨時的任用の適正確保

臨時的任用を行うことができる場合が、「常勤職員に欠員が生じた場合」であって、「緊急のとき」「臨時の職に関するとき」「採用候補者名簿がないとき」のいずれかに限定されました（改正地公法第22条の３）

また、改正法に基づく臨時的任用職員は、フルタイムで任用され常勤職員が行うべき業務に従事することとされ、給料、旅費及び手当が支給されます。

①　臨時的任用を行うことができる場合の具体例

（ア）災害その他重大な事故が発生し、その復旧に緊急の人手を要する場合

（イ）一時的に事務量が増大し多忙となる時期に任用する場合

（ウ）介護休暇、産前産後休暇等の職員の職務を処理する職で当該期間を限度として任用する場合

（「会計年度任用職員制度の導入等に向けた事務処理マニュアル（第２版）」ⅢQ&A 問３－１より）

図表２　改正地公法第３条第３項第３号に該当する特別職

該当する事務	該当する者の職種等
①助言	○顧問 ○参与 ○学校薬剤師（学校保健安全法第23条） ○学校評議員（学校教育法施行規則第49条）
②調査	○地方自治法第100条の２第１項に規定する議会による議案調査等のための調査を行う者 ○統計調査員（統計法第14条） ○国民健康・栄養調査員（健康増進法第12条） ○保険審査会専門調査員（介護保険法第188条） ○建築物調査員（建築基準法第12条） ○障害者の日常生活及び社会生活を総合的に支援するための法律第103条第１項に基づき調査を行う者 ○介護保険法第194条第１項に基づき調査を行う者 ○土地改良法第８条に基づき調査を行う者 ○鳥獣被害対策実施隊員（鳥獣による農林水産業等に係る被害の防止のための特別措置に関する法律第９条）
③診断	○学校医（学校保健安全法第23条） ○学校歯科医（学校保健安全法第23条） ○産業医（労働安全衛生法第13条）
④総務省令で定める事務	○斡旋員（労働関係調整法第12条第１項）

（出典：総務省「会計年度任用職員制度の導入等に向けた事務処理マニュアル（第２版）」平成30年10月、14頁）

②　その他の取扱い

（ア）任期

原則６月とされ、必要により１年まで延長が可能です。

なお、社会保険料等の負担回避のため、再度の任用の際、新たな任期と前の任期との間に一定の期間を設けることは不適切であり、是正が必要となります。

（イ）給料・諸手当

常勤職員に適用される給料表等に基づき、資格や経験年数を考慮して決定されます。また、諸手当は、退職手当を含め常勤職員と同様に支給されます。

（ウ）社会保険

任用の日から、地方公務員共済制度、地方公務員災害補償基金による補償の対象となります。

（3）一般職の非常勤職員の任用に関する制度の明確化

自治体によってばらつきのあった非常勤職員の任用形態を統一した「会計年度任用職員」に関する規定が設けられ、採用方法や任期等が明確化されました（改正地公法第22条の２）。また、自治法の規定により非常勤の職に支給できなかった期末手当についても、当該規定が改正され支給が可能となりました（改正自治法第203条の２第４項）。

なお、会計年度任用職員は、勤務時間が常勤職員と同一か否かでパートタイムとフルタイムの２つに分類され、それぞれ待遇が異なります（図表３）。

図表３　会計年度任用職員制度の概要

<table>
<tr><th></th><th>フルタイム</th><th>パートタイム</th></tr>
<tr><td>勤務時間</td><td>・常勤職員と同じ</td><td>・常勤職員より短い</td></tr>
<tr><td>任用の期間
採用方法</td><td colspan="2">・同日の属する会計年度の末日まで
・競争試験又は選考</td></tr>
<tr><td>条件付採用</td><td colspan="2">・採用のつど１か月間</td></tr>
<tr><td>服務及び懲戒</td><td>・常勤職員と同様</td><td>・常勤職員と同様
※営利企業従事制限なし</td></tr>
<tr><td>給付</td><td>・給料、旅費及び手当
・期末手当
・退職手当</td><td>・報酬、費用弁償
・期末手当
※退職手当なし</td></tr>
<tr><td>休暇</td><td>・労基法に基づく公民権行使の保障
・年次有給休暇
・産前産後休暇
・育児時間
・生理休暇
・介護休業（休暇）
・子の看護休暇</td><td>・同左
（一定の条件を満たすものに限る）</td></tr>
<tr><td>その他の勤務条件</td><td>・育児休業や部分休業
・労働安全衛生法に基づく健康診断、ストレスチェック
・パワハラ、セクハラに対する措置</td><td>・同左
（一定の条件を満たすものに限る）</td></tr>
<tr><td>社会保険及び労働保険の適用</td><td>・共済制度、公務災害補償制度、退職手当制度
・厚生年金保険、健康保険</td><td>・同左
（一定の条件を満たすものに限る）</td></tr>
<tr><td>人事評価</td><td colspan="2">・人事評価の対象となる</td></tr>
<tr><td>再度の任用</td><td colspan="2">・新たな職への任用</td></tr>
<tr><td>人事行政の運営等の状況</td><td colspan="2">・首長に対する報告、首長による公表の対象</td></tr>
</table>

（総務省「会計年度任用職員制度の導入等に向けた事務処理マニュアル（第２版）」（平成30年10月18日）を参考に作成）

3 働き方改革関連法によるパート労働法の改正内容

（1）改正概要と自治体の人事管理への影響

働き方改革関連法の改正により、短時間労働者の雇用管理についてのルールである、短時間労働者の雇用管理の改善等に関する法律が改正されました（令和２年４月１日施行）。

改正の概要としては、対象範囲を有期雇用労働者に拡大すること、同一企業内における正規雇用労働者と非正規雇用労働者との間の不合理な待遇差をなくす規定を設けたこと、などがあり、法律名称も、短時間労働者及び有期雇用労働者の雇用管理の改善等に関する法律（以下、短時間・有期雇用労働法）となりました。

この法律は地方公務員には適用されませんが（短時間・有期雇用労働法第29条）、会計年度任用職員制度の内容に大きく影響を与えています。以下、具体的な改正内容について解説します。

（2）改正の内容

短時間・有期雇用労働法では、短時間・有期雇用労働者の給与決定に関する均等・均衡処遇について、次のとおり改正が行われました。

①　不合理な待遇差の禁止

同一の企業内において、正規雇用労働者と非正規雇用労働者の間で、基本給や賞与など、あらゆる待遇について不合理な待遇差を設けることが禁止されます（短時間・有期雇用労働法第８条、第９条。図表４）。

また、待遇ごとの判断基準を明確化するため、「短時間・有期雇用労働者及び派遣労働者に対する不合理な待遇の禁止等に関する指針」（平成30年12月28日厚生労働省告示第430号。以下、同一労働同一賃金ガイドライン）が定められました（短時間・有期雇用労働法第15条）。

図表４　短時間・有期雇用労働法の改正内容

項　目	内　容	改正内容
均衡待遇規定（第８条） （不合理な待遇差の禁止）	以下を考慮して不合理な待遇差を禁止 （ア）職務内容 （イ）職務内容・配置の変更の範囲と同一の範囲内で変更されることが見込まれること （ウ）その他の事情	個々の待遇ごとに、当該待遇の性質・目的に照らして適切と認められる事情を考慮して判断されるべきことを明確化 ※有期雇用労働者も対象
均等待遇規定（第９条） （差別的取扱いの禁止）	以下が同じ場合は差別的取扱いを禁止 （ア）職務内容 （イ）職務内容・配置の変更の範囲	新たに有期雇用労働者も対象とする

（厚生労働省・都道府県労働局　「パートタイム・有期雇用労働法が施行されます」を参考に作成）

なお、考慮事項とされる職務内容、職務内容・配置の変更の範囲、その他の事情の定義は図表５のとおりです。

②　労働者に対する待遇に関する説明義務の強化

非正規雇用労働者は、正規雇用労働者との待遇差の内容・理由について、事業主に対して説明を求めることができることになります。また、説明を求めた労働者に対しての不利益取扱いの禁止規定も新たに設けられました（短時間・有期雇用労働法第14条）。

③　行政による事業主への助言指導、裁判外紛争解決手続きの整備

（ア）行政による助言指導等が有期雇用労働者にも拡大（短時間・有期雇用労働法第18条）。

（イ）均衡待遇や待遇差の内容・理由に関する説明についても、裁判外紛争解決手続きの対象（短時間・有期雇用労働法第25条～第27条）。

図表５　均衡待遇の判断にあたっての考慮事項

<table>
<tr><th>項　目</th><th colspan="2">内　容</th></tr>
<tr><td rowspan="2">（ア）職務内容</td><td>業務の内容</td><td>○職業上継続して行う仕事
（厚生労働省編職業分類の細分類を目安）</td></tr>
<tr><td>責任の程度</td><td>○権限の範囲（契約可能金額、部下数、決裁権限）
○成果について求められる役割
○トラブル発生時や臨時・緊急時の対応の程度
○ノルマ等の成果への期待の程度
○補助的指標として所定外労働の有無・頻度</td></tr>
<tr><td>（イ）職務内容・配置の変更の範囲と同一の範囲で変更されることが見込まれること</td><td colspan="2">○人材活用の仕組み、運用等（いわゆる人事異動や本人の役割の変化の有無）
○転勤の有無、転勤エリアの違い、職務内容の変化の違いにより判断</td></tr>
<tr><td>（ウ）その他の事情</td><td colspan="2">○職務の成果、能力、経験
○合理的な労使の慣行、労使交渉の経緯などの諸事情</td></tr>
</table>

（「短時間労働者及び有期雇用労働者の雇用管理の改善等に関する法律の施行について」平成31年１月30日基発0130第１号、職発0130第６号、雇均発0130第１号、開発0130第１号、第１　４　事業主等の責務（法第３条関係）（２）をもとに作成）

４ 会計年度任用職員制度の運用上の留意点

会計年度任用職員制度の導入については、「会計年度任用職員制度の導入等に向けた事務処理マニュアル（第２版）」（平成30年10月18日。以下、事務処理マニュアル）が、総務大臣による技術的助言として自治体に発出されています。

ここからは、この事務処理マニュアルの内容に加え、労基法や短時間・有期雇用労働法などの規定も踏まえた、会計年度任用職員制度の運用上の留意点を解説します。

【事務処理マニュアルの概要】
①総論（改正法の趣旨、地方公共団体が実施すべき事項、スケジュール（想定））
②各論
（ア）臨時・非常勤職員の実態の把握
○人事当局において統一的に把握すべき事項や調査様式（参考例）等
（イ）臨時・非常勤職員全体の任用根拠の明確化・適正化
（ａ）特別職非常勤職員の任用の適正確保
○特別職非常勤職員として存置する職（学校医、学校歯科医等）
○特別職から一般職へ移行する職（事務補助職員、学校講師、保育士等）
（ｂ）臨時的任用の適正確保
○「常時勤務を要する職に欠員を生じた場合」の考え方、いわゆる「空白期間」の適正化
（ウ）会計年度任用職員制度の整備
（ａ）制度設計に当たっての留意事項
○任用（募集、任用、条件付採用等）、人事評価、勤務条件等（給付、勤務時間・休暇、社会保険・労働保険等）、服務・懲戒、再度の任用等
（ｂ）職員団体との協議等に係る留意事項
③Ｑ＆Ａ
○会計年度任用職員の給料又は報酬水準の考え方、期末手当の支給割合の段階的引き上げ等
④条例・規則の改正例

（1）募集・任用の際の留意点

①　できる限り広く募集を行うこと

会計年度任用職員の採用は、競争試験又は選考によるものとされます

(改正地公法第22条の２)。採用にあたっては、できる限り広く適切な募集を行った上で客観的な能力の実証を行うことが望ましいとされ、募集方法としては、ホームページへの公開のほか、広報誌や公共施設への掲示、ハローワークでの募集等などが挙げられます。

また、年度末の採用事務の平準化を図るため、次の方法も認められます（事務処理マニュアル Q&A 問４－２）

（ア）ホームページ等で非常勤職員の採用希望者登録を呼びかける。

（イ）採用希望者に経歴、志望動機、希望業務等を記載した申込書を提出させ、台帳へ登録する（登録申込書の受付は通年で行う)。

（ウ）非常勤職員の任用が必要な時に申込書による書類選考及び面接を経て採用者を決定する。

②　募集内容は平等取扱い原則や成績主義の観点を踏まえること

募集内容については、平等取扱い原則を踏まえ、年齢や性別にかかわりなく均等な機会を与える必要があります。また、成績主義の観点も踏まえる必要があり、職務遂行上、真に必要な資格要件を定めることは可能です。ただし、単に元職員ということのみを条件とする募集・採用は不適切なものとされます。(事務処理マニュアル Q&A 問４－４）

③　勤務条件の明示

労働者の募集を行う者は、その募集にあたって、労働者が従事すべき業務の内容及び賃金、労働時間その他の労働条件を書面、メール又はFAX で明示することが義務付けられています（職業安定法第５条の３、同法施行規則第４条の２第３項、第４項)。具体的には、次の項目の明示が必要です（※印は自治体における明示内容)。

（ア）従事する業務内容

※会計年度任用職員としての任用である旨を明示（事務処理マニュアル22頁）

（イ）期間の定めの有無、期間の定めがある場合はその期間

※会計年度任用職員にはその任期を明示しなければならない（改正地公法第22条の２第３項）

（ウ）就業場所
（エ）労働時間（始業・終業時間、時間外労働の有無、休憩時間、休日）
（オ）賃金（賃金形態、基本給、諸手当、通勤手当、昇給関係、時間外・休日等割増賃金）
（カ）社会・労働保険の加入状況
（キ）求人企業等の氏名又は名称
（ク）試用期間の有無、試用期間の定めがある場合はその期間、業務内容
※条件付採用期間は１か月（改正地公法第22条の２第７項）

(2) 任用等

①　名称の明示

任用にあたっては、当該職員の服務、勤務条件の内容等を明らかにするため、会計年度任用職員として任用していることを明示する必要があります（事務処理マニュアル22頁）。

②　勤務条件の明示

労基法では、使用者は、労働契約の締結に際し、労働者に対して賃金、労働時間その他の労働条件を明示することが義務付けられています。このことは会計年度任用職員の採用でも同様です（第15条第１項）。また、明示方法は書面で行うことが原則ですが、「ファクシミリを利用してする送信の方法」「電子メールの送信の方法」でも可能です（労基法施行規則第５条第４項）。

（ア）明示事項

（ａ）労働契約の期間
（ｂ）期間の定めのある労働契約を更新する場合の基準
（ｃ）就業の場所及び従事すべき業務
（ｄ）始業及び終業の時刻、所定労働時間を超える労働の有無、休憩時間、休日、休暇並びに労働者を２組以上に分けて就業させる

場合における就業時転換

（ｅ）賃金の決定、計算及び支払いの方法、賃金の締切り、支払い時期、昇給に関する事項

（ｆ）退職（解雇事由も含む）

(イ) 明示内容に関する短時間・有期雇用労働法の規定

短時間・有期雇用労働法では、短時間・有期雇用労働者に対しての労働条件の明示内容について、次のとおり規定を設けています。これらの規定は地方公務員には適用されませんが、職員の取扱いにかかわる重要な事項であり、趣旨を理解した上での対応が必要です。

（ａ）特定事項の明示

短時間・有期雇用労働法では、事業主に対して、労基法に基づく労働条件の通知書のほか、特定事項（昇給・退職手当・賞与の有無・相談窓口）についても書面により明示するよう求めています（短時間・有期雇用労働法第６条）

●昇給の有無（短時間・有期雇用労働法施行規則第２条第１号）

会計年度任用職員は一会計年度の任期であり、翌年度を任期とする採用は「新たな任用」であり、昇給することはありません。ただし、新たな任用の際には過去の勤務経験を加味され、従前の額を上回る額となります。

厚生労働省の「パートタイム労働法のあらまし」では、短時間・有期雇用労働法上で明示が求められている事項は、任期中の昇給の有無とされ、新たな任用の際に額がアップする場合でも、「昇給なし」と明示することになります。ただし、新たな任用の際の額がアップする可能性については、説明を加えておくことが望ましいとされています。

●退職手当・賞与の有無（短時間・有期雇用労働法施行規則第２条第２号、第３号）

一定の要件を満たした会計年度任用職員には、退職手当や期末手当の支給が可能であるため、支給の有無・支給条件・支給月数

について明示することとなります。なお、当該任用期間内に支給対象要件を満たさず支給対象ではないときは、「無」と明示します。

●相談窓口（短時間・有期雇用労働法施行規則第２条第４号）

短時間・有期雇用労働法第16条では「労働者の雇用管理の改善等に関する事項に関し、その雇用する短時間・有期雇用労働者からの相談に応じ、適切に対応するために必要な体制を整備しなければならない」とされ、採用時の明示事項とされています。

会計年度任用職員に関しての雇用管理や執務環境に関する相談等の体制は、各自治体によって様々ですが、「パートタイム労働法のあらまし」では、相談窓口の明示の具体例として、相談担当者の氏名、相談担当者の役職、相談担当部署などとされており、これを参考に周知を図ることが望ましいでしょう。

（b）正規職員との待遇差の内容・理由の説明

改正前のパート労働法では、採用時に短時間労働者に対し、賃金、教育訓練、福利厚生施設の利用など雇用管理上の措置の内容を説明することに加え、パート労働者から求めがあった場合に待遇決定に関する考慮事項を説明する義務が事業主に課されていました。

今回の改正では、この説明義務の対象に有期雇用労者が加わりました（短時間・有期雇用労働法第14条第１項）。加えて、短時間労働者及び有期雇用労働者から求めがあった場合には、いわゆる正社員との待遇差の内容・理由の説明義務が新たに事業主に課されるとともに、説明を求めた労働者を不利益に取扱うことの禁止が明確化されました（短時間・有期雇用労働法第14条第２項、第３項）。

●比較対象となる職員

待遇差を比較する通常の職員は、「職務内容」「職務内容・配置の変更の範囲」等が最も近い者です。会計年度任用職員の職種ごとに、比較対象となる職員を選定しておく必要性が生じます。

●説明方法

短時間・有期雇用労働法では、資料を活用し、口頭により行うことが基本とされています。ただし、その資料が説明事項を全て記載していて容易に理解できる内容となっていれば、当該資料を交付する等の方法でも差し支えないとされています。

●採用時の説明内容

・通常の職員との間で待遇に不合理な相違を設けていないこと
・通常の職員と同視できる職員の場合に差別的な取扱いをしていないこと
・賃金制度において、職務内容、職務の成果等のうち勘案している要素
・教育訓練、福利厚生施設、通常の職員への転換方法

●職員から求めがあったとき

・比較対象となる職員との間での、待遇の決定基準の違い
・待遇の個別具体的な内容又は待遇決定の基準
・待遇差の理由（職務の内容、職務の内容及び配置の変更の範囲、その他の事情（成果、能力、経験など））

③　任期

（ア）任期に関する改正地公法の規定

会計年度任用職員の任期に関しては、一会計年度の範囲内で、任命権者が職務の遂行に必要かつ十分な期間を定めるものとし、必要以上に短い任期を定めることにより、採用又は任期の更新を反復して行うことのないようにしなければなりません（改正地公法第22条の２第６項）。また、任期についてはこれを明示しなければなりません（改正地公法第22条の２第３項）。

（イ）任期に関する留意点

任期について留意しなければならないのは、任期途中の打切りに関する点です。任期途中の任用打切りについて、労働契約法では、「使用者は、（中略）有期労働契約（中略）について、やむを得ない事由がある場合でなければ、その契約期間が満了するまでの間において、

労働者を解雇することができない」としています（第17条第１項）。

この「やむを得ない事由」とは、「「客観的に合理的な理由を欠き、社会通念上相当であると認められない場合」以外の場合よりも狭いと解されるものであること」とされ、その事由があることの証明は使用者側が負うこととしています（平成24年８月10日基発0810第２号）。

労働契約法は地方公務員には適用されず、任期途中の打切りは無効とされ任用が継続されることはありませんが、任用継続を期待していたことについての損害賠償請求の対象となる可能性もありますので、その取扱いは任用条件の変更も含めて慎重に行う必要があります。

④　再度の任用

会計年度任用職員は、一会計年度終了後、翌年度に再度、同一の職務内容の職に任用される可能性があります。ただし、この場合、一会計年度ごとにその必要性が吟味される「新たに設置された職」と位置付けられることから、「同じ職の任期が更新された」という意味ではなく、あくまで新たな職に改めて任用されたものと整理されます。

再度の任用にあたっての留意事項は以下のとおりです。

（ア）任期ごとの公募、客観的な能力実証に基づいた任用

採用にあたっては、繰り返し任用されたことによる、再度の任用の保障のような既得権が発生するものではなく、成績主義や平等取扱いの原則を踏まえ、できる限り広く適切な募集を行った上で、客観的な能力の実証を行うことが望ましいとされています。

具体的な公募の実施方法は国との均衡を図って行う必要がありますが、国の期間業務職員の取扱いでは、従前の勤務実績に基づく能力の実証により再度任用を行うことが原則２回まで認められています（事務処理マニュアル Q&A 問６－２）。

また、募集にあたって、任用の回数や年数が一定数に達していることのみの理由で、一律に応募を制限することは、平等取扱いの原則の観点から避けるべきともされています（事務処理マニュアル Q&A 問６－１）。

(イ) 任用を繰り返している者への対応

任用を繰り返している者を、次年度以降任用しない場合の留意点は次のとおりです。

（ａ）無期転換権は発生しないこと

地方公務員の任用は行政処分であり、任命辞令に記載された期間の満了をもって当然に職員としての身分が消滅します。このため、任用期間が連続して５年を超えた場合でも、民間労働者と異なり無期雇用に転換することはありません。

（ｂ）再度任用を行わない場合の配慮

なんの予告もなく再度の任用を行わないことは、当該職員の翌年度の生活に大きな影響を与える可能性がありますので、配慮する必要があります。

具体的な対応としては、任用毎に客観的な能力の実証を行い手続きをしっかり行うこと、再度の任用の確約や期待させる言動を避けることなどがあります。

この点について、有期労働契約が３回以上更新された者に対する取扱いを定めた「有期労働契約の締結、更新及び雇止めに関する基準」(労基法第14条第２項に基づく基準) が参考になります (ただし、労基法第14条第２項は地方公務員には適用除外)。

(3) 条件付採用期間

会計年度任用職員の条件付採用期間については、１か月とされています (改正地公法第22条の２第７項)。

①　任用期間や勤務日数が少ない職員の取扱い

任用期間や勤務日数が少ない会計年度任用職員も、任用期間・勤務日数・勤務時間の長短・前年度の勤務実績の有無にかかわらず、条件付採用の対象となります。

なお、採用後１月間に実際に勤務した日数が15日に満たない場合には、その日数が15日に達するまで条件付採用期間は延長されます。この場合、月１回の勤務条件である者など、年間勤務日数が15日に満たない場合は、すべての期間が条件付採用期間とされます（事務処理マニュアルQ&A問５－１）。

②　再度の任用の場合における取扱い

再度の任用の場合においては、新たな職に改めて任用されるものと整理されますので、条件付採用期間を省略することはできず、任用されるごとに条件付採用期間を設けることとなります。

③　条件付期間満了後に正式採用しない場合の取扱い

労基法では、労働者を解雇する場合は、少なくとも30日前までの予告が必要とされ、例外として、採用から14日以内の試用期間中であれば事前予告を不要としています（第20条、第21条）。

この規定は、地方公務員にも適用され、１か月の条件付期間満了後に正式採用しない場合については、職員の責に帰すべき事由があることについて、労働基準監督機関の認定を受けた場合を除き、解雇予告手当の支払が必要となります（事務処理マニュアルQ&A問８－１。条件付採用後に正式採用しない場合の手続きについては第２章参照）。

(4) 服務

会計年度任用職員には、正規職員と同様、次に掲げる服務に関する規定が適用されます（図表６）。

図表６　会計年度任用職員に適用される服務規定

服務の項目	主な内容	根拠条文
服務の宣誓	新たに職員となった者は、全体の奉仕者として誠実かつ公正に職務を行うことを条例に定められた方法で宣誓する。 ※任用形態や任用手続きに応じた方法で行うことが可能	地公法第31条
法令等及び上司の職務上の命令に従う義務	職務を遂行するにあたり、法令、条例、規則及び規程に従い、かつ、上司の職務上の命令に忠実に従わなければならない。	地公法第32条
信用失墜行為の禁止	その職の信用を傷つけ、又は職員の職全体の不名誉となるような行為をしてはならない。	地公法第33条
秘密を守る義務	職務上知り得た秘密を漏らしてはならない。その職を退いたのちも同様。	地公法第34条
職務専念義務	全力を挙げて職務に専念しなければならない。	地公法第35条
政治的行為の制限	政治的な目的をもって、政治的な行為をしてはならない。	地公法第36条
争議行為等の禁止	同盟罷業、怠業その他の争議行為をしたり、そそのかしやあおってはならない。	地公法第37条
営利企業への従事等の制限	任命権者の許可をえず、営利を目的とする私企業の役員等になったり、報酬を得て事務に従事してはならない。 ※フルタイム会計年度任用職員のみ	地公法第38条

（各条文の内容をもとに作成）

①　パートタイム会計年度任用職員に関する営利企業への従事等の制限

パートタイムの会計年度任用職員は、営利企業への従事等の制限の対象外とされています（改正地公法第38条ただし書き）。これは、パートタイムの会計年度任用職員は、勤務時間が限られており、極めて短い時間のみ公務に従事する場合があり得ることや、これらの職員の生計の安定、多様な働く機会の確保のために設けられたものです（事務処理マニュアル Q&A 問７－１）。

このことから一律の制限を行うことは不要となりますが、職務専念義務・信用失墜行為の禁止などの服務上の観点や、労働時間の管理の観点から、兼業先の就労状況に関する報告を求めるなどにより、勤務時間の把握は引き続き必要です。特に、労基法上、複数の事業場での労働時間は通算され、複数の事業所での労働時間の総計が法定労働時間を超える場合の時間外勤務手当の支払が生じる可能性もあり、留意が必要です（労基法第38条、事務処理マニュアル Q&A 問17－５）。

②　前任期中の非違行為に対する懲戒処分

前任期中の非違行為に対する懲戒処分は行うことはできません。ただし、前任期中の非違行為が現在の職に必要な適格性を欠くと判断できる場合は、分限処分の対象となり得ます。

また、任用にあたって、非行事実を秘匿し、虚偽の報告をしていた場合などは、採用行為自体の瑕疵として無効又は取消しの対象ともなりますので、任用の都度、必ず確認の手続きを実施することが重要です（事務処理マニュアル Q&A 問７－２）。

（5）給与・報酬水準

①　会計年度任用職員への給与・報酬

改正前の自治法では、給料、手当及び旅費の支給対象は常勤職員に限定され、臨時・非常勤職員は報酬及び費用弁償の支給対象とされていました（自治法第203条の２、第204条）。

改正自治法では、給料、手当及び旅費の支給対象にフルタイム会計年度任用職員が加えられ、パートタイム会計年度任用職員には、期末手当の支給が可能となりました（改正自治法第203条の２、第204条）。

②　給与・報酬の決定方法

フルタイム会計年度任用職員の給与決定は、職務が類似する職務に従事する常勤職員が属する職務の級の初号給の給料月額を基礎として、職務の内容や責任、職務遂行上必要となる知識、技術及び職務経験等の要素を考慮して定められます（事務処理マニュアル26頁、28頁）。

また、パートタイム会計年度職員の報酬水準は、同種の職務に従事するフルタイムの会計年度任用職員に係る給与決定の考え方との権衡等に留意の上、職務内容や責任、在勤する地域、職務遂行上必要となる知識、技術及び職務経験等の要素を考慮しつつ、定められます（事務処理マニュアル28頁）。

(ア)　給与報酬の上限

事務処理マニュアルでは、定型的・補助的な業務に従事する事務補助職員の上限の目安について、常勤職員の初任給基準額を例示しています。例えば、保育士や看護師等の専門職種について、職務の内容や責任の程度によっては、民間の給与水準を踏まえ、その上で上限を事務補助職員よりも高く設定するなどの対応も可能としています（事務処理マニュアル Q&A 問13－６）。

また、弁護士など自治体における行政職給料表を基礎とすることが適当ではない場合には国の特定任期付職員の俸給表を、スクールカウンセラー等、類似する職務に従事する常勤職員が自治体内や国に存在しない場合には、地域の民間企業等の状況等を考慮して、適切な給与水準を確保することとされています（事務処理マニュアル Q&A 問13－７）

(イ)　再度の任用時の給与決定

同一労働同一賃金ガイドラインでは、基本給であって、労働者の勤続年数に応じて支給するものについては、雇用形態にかかわらず同一としなければならないとされ、会計年度任用職員についても同様に取り扱うこととされています（事務処理マニュアル Q&A 問13－４）。

このことは、経験による習熟を必要としない定型的な補助的業務であったとしても、例外ではありません。例えば、フルタイムの会計年度任用職員が一会計年度の勤務後、再度任用される場合には、常勤職員と同様に４号給の号給調整がされた給料額となります（事務処理マニュアル Q&A 問13－５）。

ただし、ごく短時間に、かつ単純な作業に従事させるための任用など、職務遂行上必ずしも知識技術、職務経験等を必要としない職と整理した場合、給与の決定にあたって昇給的要素を考慮しないという取扱いも可能です（事務処理マニュアル Q&A 問13－９）。

③　手当

会計年度任用職員の手当については、フルタイム会計年度任用職員には手当として、パートタイム会計年度任用職員には報酬又は費用弁償として支給されます（図表７）。これらの手当について民間企業に適用される同一労働同一賃金ガイドラインをもとに、その考え方を整理しましたので参考としてください。

なお、図表７に掲げていない手当は、総務省の有識者研究会の報告書や国の非常勤職員との均衡等を踏まえ、支給しないことを基本とすべきものとされています（医師等に限り支給される初任給調整手当を除く）。

図表７　主な手当と同一労働同一賃金ガイドラインとの関係

名　称	フルタイム	パートタイム	同一労働同一賃金ガイドライン
時間外勤務手当	○	○ （報酬として支給可能）	**３　手当（５）時間外労働に対して支給される手当** 通常の労働者の所定労働時間を超えて、通常の労働者と同一の時間外労働を行った短時間・有期雇用労働者には、通常の労働者の所定労働時間を超えた時間につき、同一の割増率等で、時間外労働に対して支給される手当を支給しなければならない。
宿日直手当	○	○ （報酬として支給可能）	**３　手当（６）深夜労働又は休日労働に対して支給される手当** 通常の労働者と同一の深夜労働又は休日労働を行った短時間・有期雇用労働者には、同一の割増率等で、深夜労働又は休日労働に対して支払われる手当を支給しなければならない。
休日勤務手当	○	○ （報酬として支給可能）	
夜間勤務手当	○	○ （報酬として支給可能）	
通勤手当	○	○ （費用弁償）	**３　手当（７）通勤手当及び出張旅費** 短時間・有期雇用労働者にも、通常の労働者と同一の通勤手当及び出張旅費を支給しなければならない。
期末手当	○ ６か月以上の在籍	○ ６か月以上在籍 週15時間30分以上	**３　手当（４）精皆勤手当** 通常の労働者と業務の内容が同一の短時間・有期雇用労働者には、同一の精皆勤手当を支給しなければならない。
勤勉手当	各団体における「期末手当」の定着状況等を踏まえた上で検討		**２　賞与** 通常の労働者と同一の貢献である短時間・有期雇用労働者には、貢献に応じた部分につき、通常の労働者と同一の賞与を支給しなければならない。また、貢献に一定の相違がある場合には、その相違に応じた賞与を支払わなければならない。

退職手当	○ （常勤職員と同じ時間を勤務した日が18日以上ある月が引き続き6月を超えるに至った者）	×	記載なし
特殊勤務手当	○	○ （報酬水準に加味）	**3　手当（2）業務の危険度又は作業環境に応じて支給される特殊作業手当** 通常の労働者と同一の危険度又は作業環境の業務に従事する短時間・有期雇用労働者には、同一の特殊作業手当を支給しなければならない。 **3　手当（3）交替制勤務等の勤務形態に応じて支給される特殊勤務手当** 通常の労働者と同一の勤務形態で業務に従事する短時間・有期雇用労働者には、同一の特殊勤務手当を支給しなければならない。
地域手当	○	○ （報酬水準に加味）	**3　手当（10）特定の地域で働く労働者に対する補償として支給する地域手当** 通常の労働者と同一の地域で働く短時間・有期雇用労働者には、同一の地域手当を支給しなければならない。

（総務省「会計年度任用職員制度の導入等に向けた事務処理マニュアル（第2版）」平成30年10月、参考資料2、厚生労働省「短時間・有期雇用労働者及び派遣労働者に対する不合理な待遇の禁止等に関する指針」平成30年12月28日厚生労働省告示第430号をもとに作成）

（6）勤務時間及び休暇等

①　勤務時間

勤務時間は、職務内容や標準的な職務の量に応じ、適切に設定することが必要です。

改正地公法により、フルタイムの会計年度任用職員の任用が可能であることが明確化されていますが、事務処理マニュアルでは、「単に勤務条件の確保等に伴う財政上の制約を理由として、合理的な理由なく短い勤務時間を設定し、現在行っているフルタイムでの任用について抑制を図ることは、適正な任用・勤務条件の確保という改正法の趣旨に沿わないものである」とされています。

②　休暇等

会計年度任用職員の休暇は、労基法や育児・介護休業法などの法令や国の非常勤職員との権衡の観点を踏まえた制度とすることが求められています。

国の非常勤職員に認められていない休暇を自治体独自の休暇として設定する場合、権衡の原則の観点を踏まえた上での合理的な説明ができなければなりません（事務処理マニュアル Q&A 問10－２）。

【人事院規則15－15（非常勤職員の勤務時間及び休暇）に定められている休暇】
（ア）有給
　年次有給休暇、公民権の行使、官公署への出頭、災害、災害等による出勤困難、災害時の通勤途上危険回避、親族の死亡
（イ）無給
　産前・産後、保育時間、子の看護、短期の介護、介護、生理日の就業困難、負傷又は疾病、骨髄移植

（ア）勤務日に応じた休暇日数の付与

休暇は、勤務日に応じて付与される休暇日数が異なります（図表８）。また、同一任命権者内で一人の会計年度任用職員が異なる複数の所属に任用されている場合には、双方の勤務日数を合わせた実績により判断することとなります。

図表8　勤務日数別　休暇等取得可能日数等

<table>
<tr><td colspan="3">一週間の勤務日の日数</td><td>5日
以上</td><td>4日</td><td>3日</td><td>2日</td><td>1日</td></tr>
<tr><td colspan="3">一年間の勤務日の日数</td><td>217日
以上</td><td>169日～
216日</td><td>121日～
168日</td><td>73日～
120日</td><td>48日～
72日</td></tr>
<tr><td colspan="8">年次有給休暇付与日数</td></tr>
<tr><td rowspan="7">継続勤務期間</td><td>6月</td><td rowspan="7">有給</td><td>10日</td><td>7日</td><td>5日</td><td>3日</td><td>1日</td></tr>
<tr><td>1年6月</td><td>11日</td><td>8日</td><td>6日</td><td>4日</td><td>2日</td></tr>
<tr><td>2年6月</td><td>12日</td><td>9日</td><td>6日</td><td>4日</td><td>2日</td></tr>
<tr><td>3年6月</td><td>14日</td><td>10日</td><td>8日</td><td>5日</td><td>2日</td></tr>
<tr><td>4年6月</td><td>16日</td><td>12日</td><td>9日</td><td>6日</td><td>3日</td></tr>
<tr><td>5年6月</td><td>18日</td><td>13日</td><td>10日</td><td>6日</td><td>3日</td></tr>
<tr><td>6年6月
以上</td><td>20日</td><td>15日</td><td>11日</td><td>7日</td><td>3日</td></tr>
<tr><td rowspan="6">年次有給休暇以外</td><td>私傷病</td><td>無給</td><td>10日</td><td>7日</td><td>5日</td><td>3日</td><td>1日</td></tr>
<tr><td>子の看護</td><td>無給</td><td colspan="3">5日
（子が2人以上の場合10日）
6月以上継続勤務</td><td colspan="2">取得不可</td></tr>
<tr><td>短期介護</td><td>無給</td><td colspan="3">5日
（要介護者が2人以上の場合10日）
6月以上継続勤務</td><td colspan="2">取得不可</td></tr>
<tr><td>忌引</td><td>有給</td><td colspan="5">配偶者、父母　連続7日などその他常勤職員の例による</td></tr>
<tr><td>介護休暇</td><td>無給</td><td colspan="3">通算93日以内
①1年以上勤務
②指定期間の初日から93日を経過後6月を経過する日までに任用されないこと明らかでない</td><td colspan="2">取得不可</td></tr>
<tr><td>介護時間</td><td>無給</td><td colspan="3">連続3年以内
①1年以上勤務
②1日の勤務時間6時間15分以上の勤務日がある</td><td colspan="2">取得不可</td></tr>
</table>

（出典：総務省「会計年度任用職員制度の導入等に向けた事務処理マニュアル（第2版）」平成30年10月、107頁、一部改変）

(イ) 年次有給休暇の繰越し

年次有給休暇の時効は２年間で、継続勤務の要件に該当する場合には、繰り越す必要があります（労基法第115条、昭和22年12月15日基発501号）。

労基法で定める継続勤務とは、労働契約の存続期間すなわち在籍期間をいい、継続勤務か否かについては、勤務の実態に即して判断すべきものとされています（昭和63年３月14日基発第150号）。

また、短時間・有期雇用労働法における継続勤務については「期間の定めのある労働契約を反復して短時間・有期雇用労働者を雇用しようとする場合、各々の労働契約期間の終期と始期の間に短時日の間隔を置いているとしても、必ずしも当然に継続勤務が中断されるものではない」とされている点に留意が必要です（平成31年１月30日基発0130第１号、職発0130第６号、雇均発0130第１号、開発0130第１号、法第15条関係）。

③　育児休業等

地公育休法に基づく育児休業は、勤務期間等について次の条件を満たす会計年度任用職員にも適用されます（事務処理マニュアル32頁（ア））。

(ア) 任命権者を同じくする職に引き続き在職した期間が１年以上であること

⇒　勤務の実態に即し任用関係が実質的に継続していることを指し、再度の任用により引き続き勤務した場合は要件を満たします。

(イ) 子が１歳６か月に達する日までに、その任期（再度の任用がなされる場合はその任期）が満了すること及び引き続き任用されないことが明らかでないこと

⇒　引き続き任用されないことが明らかな場合の該当例として、その職が廃止されることが決定されており、再度の任用をしないことが明示されている場合が該当します。

（ウ）一定以上の勤務日数以上の勤務を行うこと

⇒　１週間の勤務日が３日以上又は週以外の期間によって勤務日が定められている場合の１年間の勤務日が121日以上である職員が該当します。

④　その他の勤務条件等

会計年度任用職員に対する次に掲げる事項については、常勤職員と同様に実施する必要があります。

（ア）労働安全衛生法に基づく健康診断

会計年度任用職員については、原則として労働安全衛生法が適用されることから、常時使用する労働者に対して、労働安全衛生法に基づき実施が求められている健康診断を行う必要があります。また、医師又は保健師等による心理的な負担の程度を把握するための検査（ストレスチェック）も同様です。

なお、対象となる常時使用する労働者とは、週の所定勤務時間数が常勤職員の３／４以上で、次のいずれかの要件を満たす者となります。

（ａ）任期が１年以上
（ｂ）再度の任用により１年以上を予定されている
（ｃ）再度の任用により１年以上引き続き任用されている

（事務処理マニュアル34頁（イ））

（イ）男女雇用機会均等法に基づく措置

男女雇用機会均等法に規定する以下の措置については、会計年度任用職員に対しても適用されます。

（ａ）職場における性的な言動に起因する問題に関する雇用管理上の措置
（ｂ）職場における妊娠、出産等に関する言動に起因する問題に関する雇用管理上の措置
（ｃ）女性労働者の妊娠中及び出産後の健康管理に関する措置

（事務処理マニュアル35頁（ウ））

（ウ）研修及び福利厚生

地公法上の研修及び福利厚生に関する規定は、会計年度任用職員にも適用されるため、従事する業務内容や責任の程度に応じて適切に実施する必要があります。

なお、短時間・有期雇用労働法では、同一企業内において正規雇用労働者と非正規労働者との間での不合理な待遇差を設けることが禁止される事項に、福利厚生と研修が含まれています。また、雇入れ時や求めがあったときの通常の労働者との待遇差に関する説明義務にも同様に含まれます。

(7) 社会保険及び労働保険

会計年度任用職員の社会保険・労働保険の取扱いは、それぞれ次のとおりです。

①　地方公務員共済制度、厚生年金保険及び健康保険等

会計年度任用職員の地方公務員共済制度、厚生年金保険及び健康保険等については、職種や勤務形態に応じた制度が適用されます（図表９）。なお、臨時的任用職員については、法改正により「常時勤務を要する職」として位置付けられることから、任用の初日から地方公務員共済制度に加入することとなります。

図表９　地方公務員共済制度、厚生年金保険及び健康保険等

（ア）原則

対象職員	適用保険
・勤務時間が常勤職員の４分の３以上である者で２月を超えて勤務する者	厚生年金保険 健康保険（協会けんぽ）
・勤務時間が常勤職員の４分の３未満である者 （ａ）週の所定労働時間が20時間以上 （ｂ）賃金の月額が8.8万円以上 （ｃ）雇用期間が１年以上見込まれること （ｄ）学生でないこと　等	
・勤務時間が常勤職員の４分の３未満である者 ・２月以内の任期で勤務する者	国民年金 国民健康保険

（イ）任用２年目以降の者で次の要件を満たす者

対象職員	適用保険
・１日の勤務時間が常勤職員以上で、かつ当該勤務時間で月に18日以上12月を超えて勤務する者 （ａ）任用関係が事実上継続していると認められる （ｂ）勤務した日が18日以上ある月が引き続いて12月を超える （ｃ）その超えるに至った日以後引き続き当該勤務時間により勤務することを要することとされている	地方公務員共済制度

（総務省「会計年度任用職員制度の導入等に向けた事務処理マニュアル（第２版）」、平成30年10月、35頁～38頁を参考に作成）

②　公務災害補償制度

会計年度任用職員の災害補償については、職種や勤務形態に応じた制度が適用されます（図表10）。なお、臨時的任用職員については、法改正により「常時勤務を要する職」として位置づけられることから、任用の初日から地方公務員災害補償基金に加入することとなります。

図表10　公務災害補償制度

（ア）原則

対象職員	適用法令	補償機関
労基法別表第１に掲げる現業事業に従事する者 （例）水道、交通、土木、清掃、病院、学校、船員など	労働災害補償保険法	国 （厚生労働省所管）
労災適用とならない非現業事業に従事する者	議会の議員その他非常勤の職員の公務災害補償等に関する条例	当該自治体

（イ）任用２年目以降の者で次の要件を満たす者

対象職員	適用法令	補償機関
１日の勤務時間が常勤職員以上で、かつ当該勤務時間で月に18日以上12月を超えて勤務する者 （ａ）任用関係が事実上継続していると認められる （ｂ）勤務した日が18日以上ある月が引き続いて12月を超える （ｃ）その超えるに至った日以後引き続き当該勤務時間により勤務することを要することとされている者	地方公務員災害補償法	地方公務員災害補償基金

（総務省「会計年度任用職員制度の導入等に向けた事務処理マニュアル（第２版）」、平成30年10月、38頁～40頁を参考に作成）

③　雇用保険

次の要件を満たす会計年度任用職員は、任用の初日から雇用保険に加入します（事務処理マニュアル40頁）。

（ア）週の所定労働時間が20時間以上であること

（イ）31日以上継続して雇用される見込みであること

（ウ）雇用保険の適用事業所に雇用されていること

また、フルタイム会計年度任用職員の場合、退職手当に関する条例の適用を受けるに至った場合（常勤職員について定められている勤務時間以上勤務した日が18日以上ある月が、引き続き６月を超える場合）には、雇用保険法が適用除外となり、その適用を受けるに至ったときに雇用保険資格が喪失します（雇用保険法第6条第6号）。

(8) 人事評価

会計年度任用職員は、任期や勤務時間の長さにかかわらず、人事評価の対象となります。具体的な人事評価の実施方法等については、事務処理マニュアルで非常勤（事務補助職員）の人事評価記録書の例が示されていますが、各任命権者が職務内容や勤務実態等に応じた形で柔軟に人事評価を実施することとされています。

なお、会計年度任用職員の人事評価結果は、次のものへの活用が想定されています。

(ア) 再度の任用

再度の任用の際の給与報酬決定にあたって考慮される、職務経験等の要素として活用されます。

(イ) 正規職員として採用する場合

会計年度任用職員であった者を、正規職員として採用する場合における能力実証時に一定程度考慮することは可能とされています。ただし、平等取扱い原則や成績主義の観点から、採用についていかなる優先権を与えるものではありません。

第2節 労働者派遣法の改正内容と実務への影響

Ⅰ 労働者派遣の仕組み

(1) 労働者派遣

労働者派遣とは、「自己の雇用する労働者を、当該雇用関係の下に、かつ、他人の指揮命令を受けて、当該他人のために労働に従事させることをいい、当該他人に対し当該労働者を当該他人に雇用させることを約してするものを含まない」ものをいいます（労働者派遣事業の適正な運営の確保及び派遣労働者の保護等に関する法律（以下、労働者派遣法）第２条第１号）。

従来、職業安定法第44条により禁止されていた、労働者を他人の指揮命令を受けて労働に従事させる「労働者供給事業」を一定の規制のもとで実施可能とした労働形態で、昭和61年の労働者派遣法の制定により確立され、その後の数度の改正で対象業務が拡大しています。

(2) 労働者派遣による労務提供の流れ

労働者派遣による労務の提供は、次の（ア）から（エ）の流れで行われます。

（ア）派遣元と派遣労働者との間で雇用契約を締結
（イ）派遣元と派遣先との間で労働者派遣契約を締結
（ウ）派遣元が雇用している労働者を派遣先に派遣
（エ）派遣労働者が派遣先の指揮命令のもと派遣先に労務を提供

(3) 請負・委託との違い

自治体では、業務の一部を民間企業が実施する際に、自治体と民間企業との間で「請負契約」や「委託契約」が締結されていますが、①当該労働者の作業の遂行について、契約先の事業主が直接指揮監督のすべてを行うこと、②当該業務が契約先の事業主の業務として、その有する能力に基づき自己の責任の下に処理されていること、という条件を満たさない場合、労働者派遣に該当するとされています（労働者派遣事業関係業務取扱要領１頁～２頁）。

また、労働者派遣に該当するかどうかの区別は、契約名称に関わらず実態で判断され、例えば、委託契約であっても自治体職員が契約先の労働者に対して直接指揮命令を行っている実態があれば、当該業務は労働者派遣事業であるとみなされ、労働者派遣法に規定する手続きや措置が必要となります。そして、所定の手続きや措置が実施されない場合には、請負や委託を装った労働者派遣法に抵触する行為、いわゆる「偽装請負」と判断されることになります。

この労働者派遣事業と請負により行われる事業の区分に関する基準は、「労働者派遣事業と請負により行われる事業との区分に関する基準」（昭和61年労働省告示第37号）に規定されています。

2 派遣労働者を受け入れる際の基本事項

派遣労働者を受け入れる際の基本事項は、次のとおりです。

(1) 行ってはならない事項

① 派遣禁止業務の実施

労働者派遣事業として行うことが禁止されている業務には、(ア) 港湾運送業務、(イ) 建設業務、(ウ) 警備業務、(エ) 病院等における医療関連業務、(オ) その他 (弁護士、司法書士等の業務) があります (労働者派遣法第４条第１項、第３項、同法施行令第２条)。

② 派遣労働者の特定行為

派遣労働者の性別や年齢の指定、事前面接の実施、履歴書を送付させるなど、派遣労働者を特定することはできません (労働者派遣法第26条第６項)。

③ 離職者の受入れ

自社を過去１年以内に離職した労働者を、派遣労働者として受け入れることはできません。なお、60歳以上の定年退職者を受け入れることは可能です (労働者派遣法第40条の９、第35条の５)。

④ 事業所単位の期間制限及び派遣労働者個人単位の期間制限を超える派遣労働者の受入れ

(ア) 事業所単位

派遣先の同一の事業所が派遣労働者を受け入れられる期間 (派遣可能期間) は、原則３年が限度です。派遣先が３年を超えて派遣労働者を受け入れようとする場合は、派遣先の事業所の過半数労働組合などからの意見をきく必要があります。

(イ) 派遣労働者個人単位

同一の派遣労働者を、派遣先の事業所における同一の組織単位において受け入れられる期間は、３年が限度です。ただし、以下の者・業務は、例外としていずれの期間制限も対象外となります。

（ａ）派遣元で無期雇用されている派遣労働者

（ｂ）60歳以上の派遣労働者

（ｃ）事業の開始、転換、拡大、縮小又は廃止のための業務であって一定期間内に完了するもの

（ｄ）１か月間に行われる日数が通常の労働者に比べ相当程度少なく、かつ、月10日以下であるもの

（ｅ）産前産後休業、育児休業・介護休業などを取得する労働者の業務

(2) 労働者派遣契約の締結時に必要な事項

①　派遣元に対する事業所単位の抵触日の通知

労働者派遣契約を締結する際に、あらかじめ、派遣先から派遣元に対し、事業所単位の派遣可能期間の制限に抵触することとなる最初の日を通知する必要があります。この通知がない場合、労働者派遣契約を締結できません（労働者派遣法第26条第４項、第５項）。

②　労働者派遣法及び同法施行規則に定められた事項

労働者派遣契約には、業務内容、就業場所、派遣期間、具体的な就業日（就業する曜日等）や派遣元事業主の許可番号の記載が必要です（労働者派遣法第26条第１項、第３項）。また、就業日や就業時間の指定がシフト表や業務カレンダーによる場合は、労働者派遣契約にそれらの資料を添付しなければなりません。

③　中途解約する場合の措置の内容

労働者派遣契約には、派遣労働者の雇用の安定を図るために、派遣先の都合で中途解除する際に「労働者派遣契約の解除を事前に申し入れること」「派遣先における就業機会を確保すること」について定めておく必要があります。なお、これができない場合には「休業手当及び解雇予告手当に相当する額以上の額について損害賠償を行うこと」について定めておく必要があります（労働者派遣法第26条第１項第８号、第29条の２）。

(3) 派遣先が講ずべき措置の実施

①　派遣先責任者の選任・就業条件の周知徹底等

派遣先は、受入事業所ごとに、派遣先の職員の中から派遣先責任者を選任しなければなりません。派遣先責任者の業務は、労働者派遣法や労働者派遣契約の内容の周知、派遣労働者からの苦情処理、安全衛生管理、派遣元との連絡調整を行います（労働者派遣法第41条）。

なお、派遣先には労働者派遣契約に定められた就業条件に反することのないよう、指揮命令者への就業条件の周知徹底や就業場所の巡回等を行うなどの措置を講ずる義務があります（労働者派遣法第39条）。

②　教育訓練の実施・福利厚生施設の利用

派遣先が、派遣先の職員に対して業務の遂行に必要な能力を付与するための教育訓練を実施する場合で、派遣元から求めがあった場合には、派遣元が実施可能な場合等を除き、派遣労働者に対してもこれを実施する等必要な措置を講じなければなりません。

また、派遣先の職員が通常利用している食堂、休憩室、更衣室などの福利厚生施設について、派遣労働者に対しても利用の機会を与えなければなりません（労働者派遣法第40条第２項、第３項）。

なお、この規定について従前は「配慮しなければならない」とされていましたが、法改正により派遣先の義務となりました（令和２年４月１日施行）。

③　適切な就業環境の維持、診療所等の施設の利用に関する便宜供与

派遣先が設置・運営し、職員が通常利用している物品販売所、病院、診療所などの施設については、その利用に関する便宜の供与の措置を講ずるよう配慮しなければなりません（労働者派遣法第40条第４項）。

なお、この規定について従前は「努めなければならない」とされていましたが、法改正により派遣先に配慮を求める規定となりました（令和２年４月１日施行）。

④　派遣職員への情報提供

派遣先は、受け入れている派遣労働者に対し、派遣先の事業所での労働者の募集情報を周知しなければなりません（労働者派遣法第40条の５第１項、第２項）。

⑤　派遣先管理台帳の作成

派遣先は、受入事業所ごとに派遣先管理台帳を作成し、派遣労働者ごとに必要事項を記載する必要があります。派遣先管理台帳には、派遣元や派遣先の事業者に関する事項、派遣労働者の区分、就業状況、教育訓練の実施状況を記載します。

⑥　派遣元への就業状況の通知

派遣労働者が就業した内容について、労働者派遣法及び同法施行規則に定められた事項をすべて記載して、派遣元に月１回以上、一定の期日を定めて、書面、FAX、メールのいずれかの方法により通知する必要があります（労働者派遣法第42条）。

⑦　派遣労働者の社会・労働保険の加入

派遣先では、受け入れる派遣労働者について、派遣元からの通知により、社会・労働保険の加入が適切に行われていることを確認する必要があります（派遣先が講ずべき措置に関する指針第２の８）。

（4）派遣労働者に関する派遣元と派遣先の責任分担

労働者派遣における労務管理の責任は、雇用関係が派遣元と派遣労働者との間にあることから、派遣元が負うことが原則です。一方で、労働者が実際に働く場所が派遣元の管理が及ばない場所であって、派遣先が責任を負った方がよい事項もあることから、労働者派遣法では、派遣元と派遣先の双方又はいずれかが責任を負う規定が設けられています。

具体的には、労基法、労働安全衛生法、じん肺法、作業環境測定法、男女雇用機会均法及び育児・介護休業法で、適用の特例等に関する規定が設けられています（労働者派遣法第44条～第47条の３）。

「派遣労働者に関する労務管理の責任は全て派遣元が責任を負う」と

いう誤解が多いことから、派遣先に求められる内容については、派遣労働者の勤務場所の関係者への十分な周知が必要です。

(5) 労働者派遣申込みみなし制度の自治体への適用関係

①　労働契約申込みみなし制度

平成27年９月30日より施行されている労働者派遣法の改正法（平成27年法律第73号）では、次の場合には派遣先から派遣労働者に対し労働契約が申し込まれたものとみなされることとなっています（労働者派遣法第40条の６）。

（ａ）労働者派遣の禁止業務に従事させた場合

（ｂ）無許可の事業主から労働者派遣を受け入れた場合

（ｃ）期間制限に違反して労働者派遣を受け入れた場合

（ｄ）労働者派遣法等の規定の適用を免れる目的で行われる、いわゆる「偽装請負」の場合

自治体においても、（ａ）から（ｄ）に掲げる労働者派遣を受け入れた場合には、派遣労働者が求めるときは、地公法に基づく採用その他の適切な措置を講じなければなりません（労働者派遣法第40条の７）。

②　必要な対応

違法な労働者派遣を受け入れることのないよう、派遣元の派遣事業許可の事前確認、適切な労働者派遣契約の締結、偽装請負とならないための職員教育・環境設定、受入期間のチェック体制の構築が必要となります。なお、受入期間が通算される「事業所」は雇用保険の適用事業所に関する考え方と基本的には同一となります。

3　労働者派遣法の改正

(1) 改正の概要

働き方改革関連法では、短時間労働者や有期雇用労働者と同様に、派

遣労働者の同一労働同一賃金の実現に向け、労働者派遣法も次のように改正されました（令和２年４月１日施行）。

①不合理な待遇差をなくすための規定の整備

派遣労働者の公正な待遇を確保するために、派遣元には以下の（ア）または（イ）のいずれかの待遇決定方式を選択することが求められます。

（ア）派遣先の通常の労働者との均等・均衡方式

派遣労働者と派遣先の通常の労働者との均等待遇・均衡待遇を実施する方式です（改正労働者派遣法第30条の３、第30条の５）。

（ａ）均等待遇

職務内容、職務内容・配置の変更範囲が同じ場合には、差別的取扱いが禁止されます。

（ｂ）均衡待遇

職務内容、職務内容・配置の変更範囲、その他の事情の相違を考慮して不合理な待遇差が禁止されます。この均衡待遇の判断基準は、同一労働同一賃金ガイドラインです。

（ｃ）賃金決定に関する努力義務

派遣労働者の職務の内容、職務の成果、意欲、能力又は経験その他の就業の実態に関する事項を勘案して賃金を決定することが、派遣元の努力義務となりました。

（イ）一定の要件を満たす労使協定による方式

派遣元が、労働者の過半数で組織する労働組合または労働者の過半数代表者と一定の要件を満たす労使協定を締結し、当該協定に基づいて待遇を決定する方式です（改正労働者派遣法第30条の４第１項）。

なお、労使協定に定める事項は、協定の対象派遣労働者の範囲・賃金決定方法・賃金以外の待遇決定方法・教育訓練の実施、有効期間などです。

②　派遣労働者の待遇に関する説明義務の強化

これまで、派遣元には、派遣労働者として雇用する者に対し、賃金の額の見込みやその他の待遇に関する事項の説明義務が課されていました(労働者派遣法第31条の２第１項、第２項)。

今回の改正では、この説明義務が強化され、雇用時又は派遣時に労働条件に関する事項（昇給・賞与・退職手当の有無など、苦情処理の方法、不合理な待遇差を解消する旨など）を文書等で明示する義務が課されています（改正労働者派遣法第31条の２第２項、第３項)。

また、派遣労働者の求めによる、派遣労働者と比較対象労働者との間の待遇の相違の内容・理由などを説明する派遣元の義務が追加され、加えて、派遣労働者が説明を求めたことによる不利益な取扱いも禁止されます（改正労働者派遣法第31条の２第４項、第５項)。

③　裁判外紛争解決手続（行政 ADR）の規定の整備

派遣労働者と派遣元または派遣先との間で、以下の（ア）又は（イ）の事項に関してトラブルとなった場合には、都道府県労働局長による助言・指導・勧告や、紛争調整委員会による調停の利用などの援助を求めることができるようになりました（改正労働者派遣法第47条の５～第47条の９)。

なお、派遣元及び派遣先には、派遣労働者が上記の援助を求めたことを理由とした不利益な取扱いが禁止されています（改正労働者派遣法第47条の６第２項)

（ア）派遣元が講ずべき措置

（ａ）派遣先の通常の労働者との不合理な待遇差、差別取扱いの禁止

（ｂ）労使協定に基づく待遇の決定

（ｃ）雇入れ時・派遣時の明示・説明

（ｄ）派遣労働者の求めに応じた説明と説明を求めたことによる不利益取扱いの禁止

（イ）派遣先が講ずべき措置

（ａ）業務遂行に必要な能力を付与するための教育訓練の実施

（ｂ）食堂、休憩室、更衣室の利用機会の付与

(2) 自治体における留意点

改正された労働者派遣法の施行に向けて、厚生労働省から各府省に対し、派遣労働者を受け入れる場合の国の機関における対応の留意点について通知が出されています（「働き方改革を推進するための関係法律の整備に関する法律」による改正後の労働者派遣事業の適正な運営の確保及び派遣労働者の保護等に関する法律の遵守について」（令和元年10月18日職発1018第２号））。

また、令和元年12月19日には、公的機関における取扱いに関するQ&Aも発表されています（厚生労働省ホームページ「改正労働者派遣法のよくあるご質問（公的機関に関するもの）」（以下、公的機関Q&A）。以下、通知と公的機関Q&Aの内容を踏まえて、解説していきます。

①　業者選定に関する事項

労働者派遣契約の業者選定を一般競争入札とする場合、その入札参加要件として、「労使協定方式を採用する」等を設定し、受入れ予定の派遣労働者の待遇決定方式を一方的に限定することは、改正労働者派遣法の趣旨や公正性の確保の観点から適当ではないとされています（公的機関Q&A　Q1）。

また、仕様書等には改正労働者派遣法に則った公正な待遇を確保することを要件として記載し、適切な対応を行うことができる業者の参加を確保する必要があります。

なお、入札開札後に同一労働同一賃金を実現できないような入札額と推測される場合は、契約書に法令違反が生じたときに契約を解除することができる旨の条項を事前に設けたうえで、当該事業者の賃金水準や改正労働者派遣法への対応状況について、契約後に法律に抵触するような事実がないか等を確認し、法律に抵触する場合は、契約解除をすることが考えられます（公的機関Q&A　Q14）。

派遣労働者の受入れにあたっての業者選定を一般競争入札（最低価格

落札方式）とする場合、その性格上、価格が最も有利な業者と契約することになりますが、仕様書に労働者派遣法を遵守するよう記載することなど、改正労働者派遣法に則った公正な待遇を確保することを要件としていれば、一般競争入札の結果をもって、直ちに派遣料金の配慮義務違反にはなりません（公的機関Q&A　Q10）。

②　比較対象労働者に関する情報提供に関する事項

派遣元が派遣労働者の待遇確保に関する義務が履行できるよう、派遣先は、労働者派遣契約を締結するにあたり、派遣元に対して、前もって派遣労働者が従事する業務ごとに、比較対象労働者の賃金等の待遇に関する次の事項について情報提供をしなければなりません。

（ア）派遣先均等・均衡方式の場合

比較対象労働者における、

・職務の内容、職務の内容及び配置の変更の範囲並びに雇用形態

・選定理由（204頁の比較対象労働者の選定方法を参照）

・待遇の内容（当該職務に実際に適用される俸給表、級の格付け、号俸の決定方法。公的機関Q&A　Q9）

・待遇の性質及び目的

・待遇決定に当たって考慮した事項

（イ）　労使協定方式の場合

・業務に必要な能力を付与するための教育訓練

・食堂、休憩室、更衣室の利用

派遣元は、派遣先からこれらの情報の提供がないときは、派遣先との間で労働者派遣契約を締結してはならないこととされています（改正労働者契約法第26条第７項、第９項）。そのほか、国の機関は、比較対象労働者の待遇に関する情報に人事院勧告等により変更があった場合は、遅滞なく、派遣元に対して、変更の内容に関する情報を提供することが求められています。

情報提供の方法としては、「予め、仕様書の中に比較対象労働者に関する内容を盛り込むとともに、開札前に行われる入札説明会等におい

て、比較対象労働者に関する資料を配布することなど」と例示されています（公的機関 Q&A　Q2）。

比較対象労働者の選定方法

次の①〜⑥の優先順位により選定する。

この場合、以下の優先順位によれば、会計年度任用職員を比較対象労働者としてその待遇情報を提供することも可能である。なお、その場合、常勤職員と均等・均衡を図っていることが前提となる（公的機関 Q&A　Q3、Q4）

①　「職務の内容」と「職務の内容及び配置の変更範囲」が同じ通常の労働者
②　「職務の内容」が同じ通常の労働者
③　「業務の内容」または「責任の程度」が同じ通常の労働者
④　「職務内容及び配置の変更範囲」が同じ通常の労働者
⑤　①〜④に相当する短時間・有期雇用労働者
⑥　派遣労働者と同一の職務に従事させるために新たに通常の労働者を雇い入れたと仮定した場合における当該労働者

③　派遣料金の配慮

派遣先である国の機関は、派遣料金について、派遣先均等・均衡方式又は労使協定方式により派遣労働者の公正な待遇が確保されるよう配慮しなければなりません（改正労働者派遣法法第26条第11項）。

なお、この配慮は、労働者派遣契約の締結又は更新の時だけではなく、締結又は更新された後にも求められるものです。特に、比較対象労働者の待遇に関する情報に人事院勧告等により変更があり、変更された情報により、派遣労働者の待遇が変更される場合は、必要に応じて契約金額の変更が必要となります（公的機関 Q&A　Q7）。

この場合、人事院勧告が出た時点で既に予算が決まっている場合でも、派遣料金が比較対象となる額を下回る場合には、配慮義務を尽くしたとは解されず指導の対象となり得ます。このため、派遣元が派遣料金の交渉を行った場合は、例えば、予算と実際に契約を締結する際の派遣料金の差額を活用すること等により、派遣料金について配慮を行うことが必要となります（公的機関 Q&A　Q11）。

④　教育訓練の実施、福利厚生施設の利用機会の付与、情報提供

派遣先は、派遣元の求めに応じて、派遣労働者に対しても業務の遂行に必要な能力を付与するための教育訓練を実施しなければならないこととされています。

また、福利厚生施設（食堂、休憩室、更衣室）については利用の機会を与えなければならないこととされ、合わせて物品販売所、病院等については、利用に関する便宜供与を講ずるよう配慮することとされています。なお、自治体の労使で運営する共済会、会計年度任用職員が被保険者として加入する健康保険組合等が実施しているものは、均等・均衡待遇の確保の措置の対象となる「待遇」には含まれません（公的機関 Q&A　Q13）。

⑤　派遣労働者に対する不利益取扱いの禁止

派遣元及び派遣先は、裁判外紛争解決手続を求めたことを理由として、派遣労働者に対して不利益な取扱いをしてはならないこととされています（法第31条の２第５項）。

⑥　施行日に係る取扱い

改正法の施行期日である令和２年４月１日時点に労働者派遣を受け入れている場合は、派遣労働者の待遇等について改正法の施行期日である令和２年４月１日までの対応が必要です。また、令和２年４月１日以降に締結された労働者派遣契約だけでなく、同日をまたぐ契約も、同日から改正法の適用を受けます。

第３節　ハラスメント防止対策

Ⅰ　職場のハラスメント防止対策の必要性と自治体への適用関係

（1）対策の必要性

職場のハラスメントは、個人の尊厳を不当に傷つける社会的に許されない行為です。働く人が能力を十分に発揮できなくなり、職場全体の士気の低下、生産性の低下など様々な悪影響を及ぼすものです。

また、行為者に対して刑事的・民事的な責任が問われるほか、行為者の使用者として自治体全体の責任が問われる可能性もあることから、組織的な課題として捉え対策を講じていく必要があります。

（2）地方公務員への適用関係

現在、ハラスメント防止に関して民間企業の事業主の講ずべき措置等に関して定められている規定は、地方公務員にも同様に適用されます(図表11)。

また、これらの規定が適用されない国家公務員は人事院規則で取扱いが定められていますが、信用失墜行為の禁止などの公務の特殊性の観点から、一部民間企業に求められる措置等と異なる点があります。このため、地方公務員のハラスメント防止対策にあたっては、民間企業の事業主に求められる措置に加え、国家公務員の取扱いとの均衡を図っていく必要があります。

図表11　ハラスメントに関して法律上規定される防止措置等

項　目	法　律	指　針	国家公務員の取扱い
セクシュアルハラスメントに関する防止措置	男女雇用機会均等法第11条	「事業主が職場における性的な言動に起因する問題に関して雇用管理上講ずべき措置等についての指針」（平成18年厚生労働省告示第615号）	「セクシュアル・ハラスメントの防止等」（平成10年人事院規則10―10） 「人事院規則10―10（セクシュアル・ハラスメントの防止等）の運用について」（平成10年職福―442）
妊娠・出産に関する言動による女性労働者の就業環境を害することに関する防止措置	男女雇用機会均等法第11条の２	「事業主が職場における妊娠、出産等に関する言動に起因する問題に関して雇用管理上講ずべき措置についての指針」（平成28年厚生労働省告示第312号）	「妊娠・出産、育児又は介護に関するハラスメントの防止等」（平成28年人事院規則10―15） 「人事院規則10―15（妊娠・出産、育児又は介護に関するハラスメントの防止等）の運用について（平成28年職職―273）
育児・介護休業等に関する言動により育児・介護休業等の就業環境を害することに関する防止措置	育児・介護休業法第61条第34項（※１）	「子の養育又は家族の介護を行い、又は行うこととなる労働者の職業生活と家庭生活との両立が図られるようにするために事業主が講ずべき措置に関する指針」（平成21年厚生労働省告示第509号）	
パワーハラスメント	労働施策総合推進法第30条の２（※２）	「事業主が職場における優位的な関係を背景とした言動に起因する問題に関して雇用管理上講ずべき措置等についての指針」（令和２年厚生労働省告示第５号）	公務におけるパワー・ハラスメント防止対策検討会の報告（令和２年１月14日）を踏まえ今後人事院規則が制定される予定

※１　民間労働者は同法第25条を適用
※２　令和元年６月５日公布、令和２年６月１日施行
（厚生労働省「職場におけるハラスメント対策マニュアル」の内容を参考に作成）

2 ハラスメントの定義等

(1) セクシュアルハラスメント

① 定義

セクシュアルハラスメント（セクハラ）とは、「職場において行われる性的な言動に対するその雇用する労働者の対応により当該労働者がその労働条件につき不利益を受け、又は当該性的な言動により当該労働者の就業環境が害されること」をいいます（男女雇用機会均等法第11条）

② セクシュアルハラスメントの類型

「事業主が職場における性的な言動に起因する問題に関して雇用管理上講ずべき措置等についての指針」（平成18年厚生労働省告示第615号。以下、セクハラ防止指針）では、セクシュアルハラスメントを次の２つの類型に分類しています。

(ア) 対価型

職場において行われる労働者の意に反する性的な言動に対する労働者の対応により、不利益を負わせる行為（次のような例）。

（ａ）事務所内において事業主が労働者に対して性的な関係を要求したが、拒否されたため、当該労働者を解雇すること

（ｂ）出張中の車中において上司が労働者の腰、胸等に触ったが、抵抗されたため、当該労働者について不利益な配置転換をすること

（ｃ）営業所内において事業主が日頃から労働者に係る性的な事柄について公然と発言していたが、抗議されたため、当該労働者を降格すること

(イ) 環境型

職場において行われる労働者の意に反する性的な言動により働く人たちを不快にさせ、就業環境を損なうことで、看過できない程度の支障を生じさせる行為（次のような例）。

（a）同僚が取引先において労働者に係る性的な内容の情報を意図的かつ継続的に流布したため、当該労働者が苦痛に感じて仕事が手につかないこと

（b）事務所内にヌードポスターを掲示しているため、当該労働者が苦痛に感じて業務に専念できないこと

③　注意点

（ア）性的な言動

「性的な言動」とは、性的な内容の発言及び性的な行動を指します。この「性的な内容の発言」には、性的な事実関係を尋ねることや性的な内容の情報を意図的に流布すること等が、「性的な行動」には、性的な関係を強要することや必要なく身体に触ること、わいせつな図画を配布すること等が該当します。

これらの行為には、男性から女性・女性から男性など異性に対する言動のほか、同性に対するものも含まれます。また、被害を受けた者の性的指向又は性自認にかかわらず、該当します。

（イ）職場の範囲

「職場」とは、事業主が雇用する労働者が業務を遂行する場所を指し、当該労働者が通常就業している場所以外の場所であっても、当該労働者が業務を遂行する場所については、「職場」に含まれます。例えば、取引先の事務所、取引先と打合せをするための飲食店、顧客の自宅等であっても、当該労働者が業務を遂行する場所であれば、これに該当します。

なお、国家公務員の取扱いでは、「他の者を不快にさせる職場における性的な言動」に加え「職員が他の職員を不快にさせる職場外における性的な言動」も該当するとされ、職員同士の場合は「職場外」が含まれる点で、職場の範囲を広くとらえています（人事院規則10―10第２条）。

（ウ）保護される労働者の範囲

「労働者」とは、正規雇用労働者のみならず、パートタイム労働者、

契約社員等、いわゆる非正規雇用労働者を含む事業主が雇用する労働者の全てをいいます。また、派遣労働者についても、その雇用する労働者と同様に防止措置を講ずることが必要です（労働者派遣法第47条の２）。

なお、国家公務員の取扱いでは、信用失墜行為の禁止の観点から、職員以外の者への行為も防止の対象となっています（人事院規則10―10第２条）。

（エ）不快の判断基準

「労働者の意に反する性的な言動」及び「就業関係を害される」の判断にあたっては、平均的な労働者の感じ方を基準とします。

（2）職場における妊娠、出産、育児又は介護に関するハラスメント

①　定義

職場における妊娠、出産、育児又は介護に関するハラスメントとは、「職場」において行われる上司・同僚からの言動（妊娠・出産したことや育児休業等の利用などに関する言動）により、妊娠・出産した「女性労働者」や育児休業等を申出・取得した「男女労働者」等の就業環境が害されることをいいます。国家公務員の取扱いでも大きく異なる点はありません。

②　分類

職場における妊娠、出産、育児又は介護に関するハラスメントは、「事業主が職場における妊娠、出産等に関する言動に起因する問題に関して雇用管理上講ずべき措置についての指針」（平成28年厚生労働省告示第312号）では、次のとおり分類されています。

（ア）制度等の利用への嫌がらせ型

上司又は同僚の育児休業・介護休業等の制度又は措置の利用に関する次のような言動により、就業環境が害されるものです。

（ａ）解雇その他不利益な取扱いを示唆するもの

（ｂ）制度等の利用の請求等又は制度等の利用を阻害するもの

（ｃ）制度等を利用したことにより嫌がらせ等をするもの

（イ）状態への嫌がらせ型

上司又は同僚の妊娠又は出産に関する事由に関する次のような言動により、就業環境が害されるものです。

（ａ）解雇その他不利益な取扱いを示唆するもの

（ｂ）妊娠等したことにより嫌がらせ等をするもの

③　公務職場で該当する典型例

公務職場で該当する妊娠、出産、育児又は介護に関するハラスメントの典型例は次のとおりです（人事院規則10－15「妊娠、出産、育児又は介護に関するハラスメントの防止等の運用について」平成28年12月１日職職―273より）。

（ａ）職員が、妊娠等をしたこと又は制度等（図表12。以下同じ）の利用の請求等をしたい旨を上司に相談したこと、制度等の利用の請求等をしたこと若しくは制度等の利用をしたことにより、上司が当該職員に対し、昇任、配置換等の任用上の取扱いや、昇格、昇給、勤勉手当等の給与上の取扱い等に関し、不利益を受けることを示唆すること。

（ｂ）次の１）から４）までに掲げる言動により、制度等の利用の請求等又は制度等の利用を阻害すること（客観的にみて阻害されるものに限る）。

１）職員が制度等の利用の請求等をしたい旨を上司に相談したところ、上司が当該職員に対し、当該請求等をしないよう言うこと。

２）職員が制度等の利用の請求等をしたところ、上司が当該職員に対し、当該請求等を取り下げるよう言うこと。

３）職員が制度等の利用の請求等をしたい旨を同僚に伝えたところ、同僚が当該職員に対し、繰り返し又は継続的に当該請求等をしないよう言うこと（当該職員がその意に反することを当該同僚に明示しているにもかかわらず、さらに言うことを含む）。

図表12　妊娠、出産、育児又は介護に関するハラスメントの対象制度（国家公務員の例）

妊産婦	妊娠、出産、哺育等に有害な業務に就かせないこと
	深夜勤務又は正規の勤務時間等以外の時間における勤務をさせないこと
	保健指導又は健康診査を受けるため勤務しないこと
	業務を軽減し、又は他の軽易な業務に就かせること
	休息し、又は補食するため勤務しないこと
	正規の勤務時間等の始め又は終わりにおいて勤務しないこと
	産前産後休暇
	保育のために必要と認められる授乳等を行う場合の休暇
	妻の出産に伴う休暇
	保健指導又は健康診査に基づく指導事項を守るための休暇
	上記のほか、人事院の定める妊娠又は出産に関する制度又は措置
育児	育児休業
	育児短時間勤務
	育児時間
	週休日を設け、及び勤務時間を割り振ること
	育児又は介護を行う職員の早出遅出勤務並びに深夜勤務及び超過勤務の制限の規定により早出遅出勤務をさせること。
	深夜勤務をさせないこと
	超過勤務をさせないこと
	子の養育のための休暇
	子の看護のための休暇
	上記のほか、人事院の定める育児に関する制度又は措置
介護	週休日を設け、及び勤務時間を割り振ること
	介護休暇
	介護時間
	早出遅出勤務をさせること
	深夜勤務をさせないこと
	超過勤務をさせないこと
	要介護者の世話を行うための休暇
	上記のほか、人事院の定める介護に関する制度又は措置

（人事院規則10－15（妊娠、出産、育児又は介護に関するハラスメントの防止等）第２条をもとに作成）

4）職員が制度等の利用の請求等をしたところ、同僚が当該職員に対し、繰り返し又は継続的に当該請求等を取り下げるよう言うこと（当該職員がその意に反することを当該同僚に明示しているにもかかわらず、さらに言うことを含む）。

（c）職員が妊娠等をしたこと又は制度等の利用をしたことにより、上司又は同僚が当該職員に対し、繰り返し若しくは継続的に、嫌がらせ的な言動をすること、業務に従事させないこと又は専ら雑務に従事させること（当該職員がその意に反することを当該上司又は同僚に明示しているにもかかわらず、さらに言うこと等を含み、客観的にみて、言動を受けた職員の能力の発揮や継続的な勤務に重大な悪影響が生じる等当該職員が勤務する上で看過できない程度の支障が生じるようなものに限る）。

(3) パワーハラスメント

① パワーハラスメント防止対策の法制化

これまでパワーハラスメント（パワハラ）については、法令上の明確な定義はありませんでした。しかし、職場のいじめ・嫌がらせに関する都道府県労働局への相談は８万2,000件を超え（平成30年度）、平成24年度に全相談内容の中でトップとなって以降、引き続き増加傾向にあります。そこで、ハラスメントのない社会の実現に向けて職場の対策を強化する必要性の高まりを受け、防止対策の法制化を含む労働施策総合推進法の改正が行われ、令和元年６月５日に公布されました（令和２年６月１日施行）。

(ア) パワーハラスメントの定義

パワーハラスメントの定義について、職場において行われる、①優越的な関係を背景とした言動であって、②業務上必要かつ相当な範囲を超えたものにより、③労働者の就業環境が害されるもの、と明記されました（労働施策総合推進法第30条の２）。

なお、客観的にみて、業務上必要かつ相当な範囲で行われる適正な業務指示や指導については、職場におけるパワーハラスメントには該当しないとされています。そのほか、「職場」「労働者」の範囲は、セクシュアルハラスメントとほぼ同様です。

パワーハラスメントの要素のそれぞれの意味と具体的な内容は、図表13のとおりです。

（イ）事業主に求められる雇用管理上の措置・指針

事業主に、パワーハラスメント防止のための相談体制の整備等、雇用管理上の措置を講じることが義務付けられました（労働施策総合推進法第30条の２第１項）。また、措置の具体的内容を定めるため、厚生労働大臣による指針が策定されています（同法第30条の２第３項、「事業主が職場における優越的な関係を背景とした言動に起因する問題に関して雇用管理上講ずべき措置等についての指針」（以下、パワハラ防止指針（令和２年厚生労働省告示第５号））。

（ウ）紛争解決・実効性の確保

パワーハラスメントに関する紛争を都道府県労働局長による紛争解決援助や調停の対象とするとともに、事業主による防止措置義務に関する履行確保（助言・指導・勧告等）のための規定が整備されました（労働施策総合推進法第30条の４～第30条の８、第33条～第36条）。

②地方公務員への適用関係

労働施策総合推進法の改正事項のうち、パワーハラスメントの定義や事業主に求められる雇用管理上の措置・指針については、地方公務員にも適用されます。ただし、都道府県労働局長等による紛争解決や実効性の確保の部分は適用除外とされ、その役割は人事委員会や公平委員会が担うこととなります（労働施策総合推進法第38条の２）。

なお、国家公務員のパワーハラスメント防止対策については、人事院に設置された検討会より「公務職場におけるパワー・ハラスメント防止対策検討会による報告」（以下、公務職場のパワハラ防止報告）が令和２年１月14日に公表されました。この報告書は民間労働法制やパワハラ防止指針の内容等を踏まえ、複数の省庁及び職員団体へのヒアリングにより当事者の問題意識を踏まえた上で、公務の特殊性などを考慮した内容となっています。

特徴的なものとしては、パワーハラスメントの定義の要素である「優越的な関係を背景として行われる」言動には、職場における上司や部下による言動だけでなく、査定・審査・監査・承認等の権限をもつ他府省庁の職員や行政サービスの利用者等による言動も含まれている点、職員以外の者に対する言動についても国家公務員法第99条が禁止する信用失墜行為等に抵触するとしている点が挙げられます。

図表13　パワーハラスメントの要素

	要　素	意　味	当てはまるもの
1	優越的な関係を背景としていること	当該言動を受ける労働者が行為者に対して抵抗又は拒絶することができない蓋然性が高い関係を背景として行われること。	○職務上の地位が上位の者による言動。 ○同僚又は部下による言動で、当該言動を行う者が業務上必要な知識や豊富な経験を有しており、当該者の協力を得なければ業務の円滑な遂行を行うことが困難であるもの。 ○同僚又は部下からの集団による行為で、これに抵抗又は拒絶することが困難であるもの。
2	業務上必要かつ相当な範囲を超えていること	社会通念に照らし、当該言動が明らかに業務上の必要性がない、又はその態様が相当でないものであること。	○業務上明らかに必要性のない言動。 ○業務の目的を大きく逸脱した言動。 ○業務を遂行するための手段として不適当な言動。 ○当該行為の回数、行為者の数等、その態様や手段が社会通念に照らして許容される範囲を超える言動。

3	労働者の就業環境が害されること	当該言動により労働者が身体的又は精神的に苦痛を与えられ、労働者の就業環境が不快なものとなったため、能力の発揮に重大な悪影響が生じる等、当該労働者が就業する上で看過できない程度の支障が生じること。	○判断にあたっては「平均的な労働者の感じ方」、すなわち、同様の状況で当該言動を受けた場合に、社会一般の労働者が、就業する上で看過できない程度の支障が生じたと感じるような言動であるかどうかを基準とすることが適当。

（「事業主が職場における優越的な関係を背景とした言動に起因する問題に関して雇用管理上講ずべき措置等についての指針」令和２年厚生労働省告示第５号をもとに作成）

③　パワーハラスメントの行為類型

パワーハラスメントの代表的な行為類型は、図表14のとおりです。ただし、これらの類型は、個別の事案の状況等によって判断が異なる場合もあり、限定列挙ではありません。

図表14　パワーハラスメントの行為類型

行為類型	該当すると考えられる例	該当しないと考えられる例
身体的な攻撃（暴行・傷害）	（ア）殴打、足蹴りを行うこと。 （イ）相手に物を投げつけること。	（ア）誤ってぶつかること。
精神的な攻撃（脅迫・名誉棄損・侮辱・ひどい暴言）	（ア）人格を否定するような言動を行うこと（相手の性的指向・性自認に関する侮辱的な言動を行うことを含む）。 （イ）業務の遂行に関する必要以上に長時間にわたる厳しい叱責を繰り返し行うこと。 （ウ）他の労働者の面前における大声での威圧的な叱責を繰り返し行うこと。 （エ）相手の能力を否定し、	（ア）遅刻など社会的ルールを欠いた言動が見られ、再三注意してもそれが改善されない労働者に対して一定程度強く注意をすること。 （イ）その企業の業務の内容や性質等に照らして重大な問題行動を行った労働者に対して、一定程度強く注意をすること。

	罵倒するような内容の電子メール等を当該相手を含む複数の労働者宛てに送信すること。	
人間関係からの切り離し （隔離・仲間外し・無視）	（ア）自身の意に沿わない労働者に対して、仕事を外し、長期間にわたり、別室に隔離したり、自宅研修させたりすること。 （イ）一人の労働者に対して同僚が集団で無視をし、職場で孤立させること。	（ア）新規に採用した労働者を育成するために短期間集中的に別室で研修等の教育を実施すること。 （イ）懲戒規定に基づき処分を受けた労働者に対し、通常の業務に復帰させるために、その前に、一時的に別室で必要な研修を受けさせること。
過大な要求 （業務上明らかに不要なことや遂行不可能なことの強制・仕事の妨害）	（ア）長期間にわたる、肉体的苦痛を伴う過酷な環境下での勤務に直接関係のない作業を命ずること。 （イ）新卒採用者に対し、必要な教育を行わないまま到底対応できないレベルの業績目標を課し、達成できなかったことに対し厳しく叱責すること。 （ウ）労働者に業務とは関係のない私的な雑用の処理を強制的に行わせること。	（ア）労働者を育成するために現状よりも少し高いレベルの業務を任せること。 （イ）業務の繁忙期に、業務上の必要性から、当該業務の担当者に通常時よりも一定程度多い業務の処理を任せること。
過少な要求 （業務上の合理性なく能力や経験とかけ離れた程度の低い仕事を命じることや仕事を与えないこと）	（ア）管理職である労働者を退職させるため、誰でも遂行可能な業務を行わせること。 （イ）気にいらない労働者に対して嫌がらせのために仕事を与えないこと。	（ア）労働者の能力に応じて、一定程度業務内容や業務量を軽減すること。

個の侵害 （私的なことに過度に立ち入ること）	（ア）労働者を職場外でも継続的に監視したり、私物の写真撮影をしたりすること。 （イ）労働者の性的指向・性自認や病歴、不妊治療等の機微な個人情報について、当該労働者の了解を得ずに他の労働者に暴露すること。	（ア）労働者への配慮を目的として、労働者の家族の状況等についてヒアリングを行うこと。 （イ）労働者の了解を得て、当該労働者の性的指向・性自認や病歴、不妊治療等の機微な個人情報について、必要な範囲で人事労務部門の担当者に伝達し、配慮を促すこと。 　この点、プライバシー保護の観点から、左欄（イ）のように機微な個人情報を暴露することのないよう、労働者に周知・啓発する等の措置を講じることが必要である。

（「事業主が職場における優越的な関係を背景とした言動に起因する問題に関して雇用管理上講ずべき措置等についての指針」令和２年厚生労働省告示５号をもとに作成）

3　具体的なハラスメント防止対策

（1）セクシュアルハラスメント

男女雇用機会均等法では、事業主に対して、職場における性的な言動に起因する問題に関する雇用管理上の措置等を行うことが義務付けられています。これらについてはセクハラ防止指針で、具体的に次のとおり定められています。なお、この規定は地方公務員にも直接適用されます。

（ア）事業主が講ずべき措置

1）ハラスメントの内容、ハラスメントがあってはならない旨の方

針等の明確化と周知・啓発
2）行為者への厳正な対処方針、内容の規定化と周知・啓発
3）相談窓口の設置
4）相談に対する適切な対応
5）事実関係の迅速かつ正確な確認
6）被害者に対する適正な配慮の措置の実施
7）行為者に対する適正な措置の実施
8）再発防止措置の実施
9）当事者などのプライバシー保護のための措置の実施と周知
10）相談、協力等を理由に不利益な取扱いを行ってはならない旨の定めと周知・啓発

(イ) 行為者に対する適正な措置の実施例

職員の非違行為に対する懲戒処分の量定の目安を定めた懲戒処分の指針では、国家公務員について、セクシュアルハラスメントに関する懲戒処分の量定を次のように明確化しています。

図表15　懲戒処分の指針

第２　標準例　１　一般服務関係（14）セクシュアル・ハラスメント（他の者を不快にさせる職場における性的な言動及び他の職員を不快にさせる職場外における性的な言動）
ア暴行若しくは脅迫を用いてわいせつな行為をし、又は職場における上司・部下等の関係に基づく影響力を用いることにより強いて性的関係を結び若しくはわいせつな行為をした職員は、免職又は停職とする。 イ相手の意に反することを認識の上で、わいせつな言辞、性的な内容の電話、性的な内容の手紙・電子メールの送付、身体的接触、つきまとい等の性的な言動（以下「わいせつな言辞等の性的な言動」という。）を繰り返した職員は、停職又は減給とする。この場合においてわいせつな言辞等の性的な言動を執拗に繰り返したことにより相手が強度の心的ストレスの重積による精神疾患に罹患したときは、当該職員は免職又は停職とする。 ウ相手の意に反することを認識の上で、わいせつな言辞等の性的な言動を行った職員は、減給又は戒告とする。

（平成12年３月31日職職―68をもとに作成）

（ウ）法改正に伴うセクシュアルハラスメント防止対策の強化

令和元年６月５日に公布された労働施策総合推進法、男女雇用機会均等法、育児・介護休業法の改正法により、次のとおり、セクシュアルハラスメント等の防止対策が強化されました（令和２年６月１日施行）。

（ａ）ハラスメント等の防止に関する国・事業主・労働者の責務の明確化（改正労働施策総合推進法第30条の２、改正男女雇用機会均等法第11条の２・第11条の４、改正育児・介護休業法第25条の２（地方公務員については第61条第38項による読替え））。

（ｂ）事業主にセクハラ等に関して相談した労働者に対する不利益な取扱いの禁止（改正労働施策総合推進法第30条の２第２項、改正男女雇用機会均等法第11条第２項・第11条の３第２項、改正育児・介護休業法第25条第２項（地方公務員については第61条第37項による読替え））

（ｃ）自社の労働者が他社の労働者にセクハラを行った場合、他社が実施する雇用管理上の措置（事実確認等）への協力を求められた場合に、これに応じる努力義務（改正男女雇用機会均等法第11条第３項）

また、セクハラ防止指針が改正され（令和２年１月）、次の点が強化されました。

（ａ）「性的な言動」を行う者の範囲について、取引先等の他の事業主又はその雇用する労働者、顧客、患者又はその家族、学校における生徒等もなり得る。

（ｂ）事業主は、①セクハラ問題等に対するその雇用する労働者の関心と理解を深め、当該労働者が他の労働者に対する言動に必要な注意を払うよう、研修の実施その他の必要な配慮をする、②事業主自身もセクハラ問題等に対する関心と理解を深め、労働者に対する言動に必要な注意を払うように努める。

（ｃ）事業主は、セクハラに関し他の事業主から事実関係の確認等の雇用管理上の措置の実施に関し必要な協力を求められた場合には、これに応ずるように努める。

（d）事業主は、職場におけるセクハラ及び職場における妊娠、出産等に関するハラスメントを行ってはならない旨の方針の明確化を行う際に、他の事業主が雇用する労働者、就職活動中の学生等の求職者及び個人事業主等の労働者以外の者に対する言動についても、同様の方針を併せて示すことが望ましい。これらの者から職場におけるセクハラ等に類すると考えられる相談があった場合には、必要に応じて適切な対応を行うように努める。

(2) 妊娠、出産、育児又は介護に関するハラスメント

男女雇用機会均等法第11条の２では、職場における「妊娠、出産等に関するハラスメント」について、育児・介護休業法第25条（地方公務員については同法第61条第34項）では「育児休業等に関するハラスメント」について、それぞれ事業主が講ずべき雇用管理上の措置が規定されています。

事業主が講ずべき措置についての具体的な内容は、「事業主が職場における妊娠、出産等に関する言動に起因する問題に関して雇用管理上講ずべき措置についての指針」（平成28年厚生労働省告示第312号）、「子の養育又は家族の介護を行い、又は行うこととなる労働者の職業生活と家庭生活との両立が図られるようにするために事業主が講ずべき措置に関する指針」（平成21年厚生労働省告示第509号）でそれぞれ定められています。

これらの大枠は、セクシュアルハラスメントに対して事業主が行う措置と同様ですが、セクシュアルハラスメントの相談と一元的に対応できる相談体制の整備を促すことと、ハラスメントの原因や背景となる要因を解消するための措置が求められていることが特徴です。

なお、これらの規定は地方公務員にも適用されます。

(3) パワーハラスメント

パワーハラスメント防止対策については、セクシュアルハラスメント防止対策と同様に、事業主の方針等の明確化及びその周知・啓発、相談体制の整備、事後の迅速かつ適切な対応などが、令和２年１月15日に告示されたパワハラ防止指針に示されています。

これに加えて、国家公務員におけるパワーハラスメント防止対策については、前述の通り、人事院から公務職場のパワハラ防止報告が公表されており（図表16）、今後、パワハラ防止指針や公務職場の特殊性等を踏まえた防止対策が、人事院規則において具体的に規定される予定です。

地方公務員にはパワハラ防止指針が適用されていますが、国家公務員におけるパワハラ防止対策の内容も踏まえた上で、着実な防止対策整備が必要です。

図表16　公務職場のパワハラ防止報告の概要

項　目	主な内容
現状と基本的な考え方	○苦情相談のうち、パワハラ相談が最多（平成30年度苦情相談） ○30代の２割を超える職員が上司からパワハラと感じる言動を受けたことがある（平成29年度意識調査結果） ○４割を超える課長級職員が部下指導の場面でちゅうちょ（同上）
パワー・ハラスメントの概念	○職務に関する優越的な関係を背景として行われる ○職員に精神的又は身体的苦痛を与え、職員の人格や尊厳を害する、あるいは、職員の勤務環境を害することとなるような、業務上必要かつ相当な範囲を超える言動
職員の責務	○人事院規則でパワハラ行為の禁止を職責として明確にすべき、懲戒処分の指針の改正が適当、職員以外へのパワハラ的言動もその態様等によって信用失墜行為等に該当することを明示すべき ○管理監督者は相談の第一次窓口、ハラスメント防止の評価への適切な反映、自信をもって指導に当たるためのハラスメントについての理解 ○基本的な心構え、ハラスメントになり得る言動、自らがパワハラ被害者と考えるときに望まれる対応等の認識

未然防止のための勤務体制や勤務環境の整備	○業務の合理化等働き方改革への取り組み ○ストレスチェック等によるハラスメントの兆候の早期探知
研修の実施	○トップマネジメントを行う幹部職員への研修の必要性 ○採用者、昇任者への重点的な研修、制度導入時には、すべての職員を対象とした研修実施が必要 ○専門的知見を活用した研究リソースの提供等、各府省庁への支援
各府省庁における相談体制の整備	○課の長に指導できる地位にある者を置く、相談者の希望する性の相談員の同席や他のハラスメントも含めて一元的に相談できる体制整備 ○相談員の専門性の向上や相談員が適切に対応できる体制整備が重要な課題 ○相談員が苦情相談に対応するに当たり留意すべき事項について指針を示すべき
職員の救済と再発防止	○迅速かつ適切な事実確認、被害職員を救済する適切な措置、行為者への再発防止の指導及び懲戒処分等の必要な対応 ○他府省庁や行政サービスの相手方その他の職員以外の者からの言動への対応（各府省庁の長に被害者救済の責務を課すべき）
人事院による苦情処理・職員の救済	○人事院が適切に苦情処理・救済機能を果たす必要 ○各府省庁による事実確認と人事院による必要に応じた追加対応の要請等、両者の役割に応じた適切な対応

（公務職場におけるパワー・ハラスメント防止対策検討会「公務職場におけるパワー・ハラスメント防止対策検討会報告」令和２年１月14日をもとに作成）

参考文献

猪野積『地方公務員制度講義 第7版』第一法規、令和2年

米川謹一郎編著『試験・実務に役立つ！地方公務員法の要点　第10次改訂版』学陽書房、平成30年

橋本勇『新版　逐条地方公務員法　第4次改訂版』学陽書房、平成28年

上林陽治「「非常勤」「常勤」の区分要素と給与条例主義～茨木市臨時的任用職員一時金支給事件・最高裁判決（平22.9.10）、枚方市非常勤職員一時金等支給事件・大阪高裁判決（平22.9.17）を例に～」『自治総研』公益財団法人地方自治総合研究所、通巻389号、2011年3月号

細谷芳郎『図解地方公営企業法　第3版』第一法規、平成30年

國部徹『図解による労働法のしくみ　第4版』自由国民社、平成28年

厚生労働省労働基準局『労働基準法解釈総覧　改訂15版』労働調査会、平成26年

小川友次・澤田千秋編著『地方公務員の〈新〉勤務時間・休日・休暇　第2次改訂版』学陽書房、平成29年

水町勇一郎『労働法　第7版』有斐閣、平成30年

労働新聞社『まる分かり平成30年働き方改革関連法〔改正労基法編〕』平成30年

安西愈『トップ・ミドルのための採用から退職までの法律知識〔13訂版〕』中央経済社、平成22年

一般財団法人労務行政研究所『新版　新・労働法実務相談（第2版）』労務行政、平成26年

一般社団法人日本経済団体連合会『2019年版　日本の労働経済事情－人事・労務担当者が知っておきたい基礎知識－』経団連出版、令和元年

地方公務員法研究会『2020年施行地方公務員法改正　マニュアル第2版対応会計年度任用職員制度の導入等に向けた実務』第一法規、平成31年

板垣勝彦『自治体職員のためのようこそ地方自治　改訂版』第一法規、平成30年

鵜養幸雄『Q&A　地方公務員の会計年度任用職員制度　増補版』ぎょうせ

い、平成30年
鵜養幸雄『Q&A　非正規地方公務員の雇用実務』ぎょうせい、平成27年
岩出誠、ロア・ユナイテッド法律事務所『最新整理　働き方改革関連法と省令・ガイドラインの解説　残業時間の規制、有給取得の義務化、同一労働同一賃金等、企業に求められる対応』日本加除出版、平成31年
地方公務員昇任試験問題研究会編著『完全整理　図表でわかる地方公務員法　第二次改訂版』学陽書房、平成31年
稲継裕昭『プロ公務員を育てる人事戦略　職員採用・人事異動・職員研修・人事評価』ぎょうせい、平成20年
稲継裕昭『プロ公務員を育てる人事戦略 PART2　昇進制度・OJT・給与・非常勤職員』ぎょうせい、平成23年
一般財団法人自治総合センター「地方公務員の給与決定に関する調査研究会報告書」平成30年 3 月
総務省「平成30年地方公共団体定員管理調査結果の概要（平成30年 4 月 1 日現在）」平成31年 3 月
総務省「地方公営企業法の適用に関する簡易マニュアル　スタートアップ版」平成27年 1 月公表
厚生労働省「労働基準監督業務について」公益通報者保護専門調査会資料、平成30年 6 月13日
厚生労働省「各個別労働紛争解決制度の特徴」
中央労働委員会ホームページ「個別労働紛争のあっせん」
東京都市町村公平委員会ホームページ【勤務条件の措置要求制度】【不利益処分についての審査請求】
厚生労働省・都道府県労働局「その募集・採用年齢にこだわっていませんか？－年齢にかかわりなく、均等な機会を－」
厚生労働省「男女雇用機会均等法のあらまし」令和元年 7 月作成
厚生労働省「労働者を募集する企業の皆様へ～労働者の募集や求人申込みの制度が変わります～〈職業安定法の改正〉施行日：2018（平成30）年 1 月 1 日」
厚生労働省ホームページ「公正な採用選考の基本」

「障害者雇用をめぐる現状・課題と対応（改正法の概要）」第87回労働政策審議会障害者雇用分科会、令和元年８月７日
「障害者の雇用の促進等に関する法律の一部を改正する法律（令和元年法律第36号）の概要」第87回労働政策審議会障害者雇用分科会、令和元年８月７日
厚生労働省ホームページ「人を雇うときのルール」
厚生労働省「公的機関における障害者への合理的配慮事例集（第３版）」
厚生労働省雇用環境・均等局「女性活躍の推進に関する参考資料」令和元年９月４日
厚生労働省ホームページ「労働条件・職場環境に関するルール」
厚生労働省・都道府県労働局・労働基準監督署「時間外労働の上限規制　わかりやすい解説」
人事院「超過勤務の上限等に関する措置について」平成31年２月
総務省「平成30年度地方公共団体の勤務条件等に関する調査」
人事院「国家公務員の分限制度について（レジュメ）」
総務省「地方公務員の退職管理の適正の確保」
総務省「雇用と年金の接続の動きについて」
人事院「国家公務員の再任用制度」2019年
総務省「地方公務員の臨時・非常勤職員及び任期付職員の任用等の在り方に関する研究会報告書」平成28年12月27日
総務省「会計年度任用職員制度の導入等に向けた事務処理マニュアル（第２版）」平成30年10月
厚生労働省・都道府県労働局「パートタイム・有期雇用労働法が施行されます」
厚生労働省ホームページ「パートタイム労働法のあらまし」
厚生労働省ホームページ「改正労働者派遣法のよくあるご質問（公的機関に関するもの）」
厚生労働省「職場におけるハラスメント対策マニュアル」
公務職場におけるパワー・ハラスメント防止対策検討会「公務職場におけるパワー・ハラスメント防止対策検討会報告」令和２年１月14日

著者紹介

鳥羽　稔（とばみのる）
千葉県市川市役所総務部人事課職員

昭和51年千葉県生まれ。早稲田大学法学部卒業後、国家公務員として許認可・用地買収・人事労務の職務に従事。平成23年４月に市川市役所に入庁し、介護老人保健施設で職員の採用・給与計算・労務管理など施設運営管理全般に携わる。平成28年４月より現職。社会保険労務士、国家資格キャリアコンサルタントの資格を持つ。

著書に、『介護施設運営・管理ハンドブック』『介護職員処遇改善加算超実践マニュアル』（ともに日本法令）がある。

サービス・インフォメーション

通話無料

①商品に関するご照会・お申込みのご依頼
TEL 0120(203)694／FAX 0120(302)640

②ご住所・ご名義等各種変更のご連絡
TEL 0120(203)696／FAX 0120(202)974

③請求・お支払いに関するご照会・ご要望
TEL 0120(203)695／FAX 0120(202)973

●フリーダイヤル(TEL)の受付時間は、土・日・祝日を除く
9:00〜17:30です。

●FAXは24時間受け付けておりますので、あわせてご利用ください。

人材の多様化に対応！

労働法制の適用範囲がよくわかる
自治体の人事労務管理

2020年3月25日　初版発行

著　者　鳥　羽　　稔

発行者　田　中　英　弥

発行所　第一法規株式会社
〒107-8560　東京都港区南青山2-11-17
ホームページ　https://www.daiichihoki.co.jp/

装　丁　タクトシステム株式会社

自治体労務管理　ISBN978-4-474-06496-6　C2031　(4)